GRAMMAIRE FRANÇAISE

DES

MAITRES ET DES ÉLÈVES

SPÉCIALEMENT

A L'USAGE DES ÉCOLES NORMALES PRIMAIRES

ET DES CLASSES ÉLÉMENTAIRES DES COLLÉGES;

PRÉCÉDÉE

d'une introduction relative aux règles de la prononciation.

Extrait du

Livre de l'Enseignement primaire,

Ouvrage adopté par le conseil de l'Instruction publique.

2e édition, revue et corrigée.

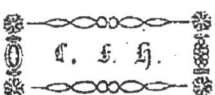

PARIS,
RUE DE SAVOIE, 4, PRÈS LE PONT-NEUF.
CHEZ L. F. HIVERT, ÉDITEUR.

1858

LE LIVRE

DE

L'ENSEIGNEMENT PRIMAIRE

OUVRAGE ADOPTÉ

PAR LE CONSEIL DE L'INSTRUCTION PUBLIQUE
POUR LES ÉCOLES NORMALES PRIMAIRES.

Grammaire française

AVERTISSEMENT.

On lit dans une récente circulaire de Son Exc. M. le ministre de l'instruction publique : « Qu'on se garde d'accabler l'esprit des enfants de ces distinctions métaphysiques, de ces règles abstraites qui sont pour eux des hiéroglyphes indéchiffrables ou de rebutants exercices.... Point de fantasmagorie de mots; s'il est possible même, point de *grammaires* entre les mains des élèves. » (*Circul.* du 31 août 1857.)

Ces recommandations sont dictées par une haute sagesse. Mais si l'enseignement oral doit, *autant que possible*, remplacer les grammaires *pour les élèves*, les grammaires resteront toujours indispensables *pour les maîtres*. Les maîtres, pour se guider à travers toutes les difficultés de l'étude de la langue, ne sauraient se passer d'un livre où les règles soient présentées avec méthode, où des exemples bien choisis éclairent la théorie par l'application ; et l'on comprend, dès lors, qu'une grammaire particulièrement destinée aux maîtres comporte des discussions plus approfondies et plus complètes, des explications plus détaillées que celles qui seraient de mise dans un livre exclusivement consacré aux enfants.

Tel est le caractère de l'ouvrage que nous publions. En réimprimant un travail honoré déjà du plus haut suffrage universitaire, nous croyons répondre directement à la pensée si prudente et si pratique exprimée dans la circulaire du 31 août; et nous ne constatons pas sans une vive satisfaction que nous sommes les premiers à tenir compte des recommandations de Son Exc. M. le ministre de l'instruction publique.

Cette grammaire ne convient pas seulement aux instituteurs en exercice et aux professeurs des classes élémentaires des colléges; elle a été écrite particulièrement dans l'intérêt des jeunes hommes que les écoles normales primaires préparent aux difficiles fonctions de l'enseignement. Or, c'est à ce point de vue spécial que l'autorité universitaire l'a revêtue de son approbation. Le *Livre de l'Enseignement primaire*, dont elle faisait partie, avant d'être publiée sous la forme d'un traité séparé, avait été envoyé à toutes les écoles normales par l'initiative de l'administration supérieure de l'instruction publique.

Un des obstacles dont les écoles normales et les instituteurs en général ont le plus de peine à triompher, c'est le vice de la prononciation. Les patois qui règnent dans diverses parties de la France résistent avec opiniâtreté aux efforts d'une seconde et tardive éducation. C'est donc sur ce point que l'auteur du présent ouvrage a porté son attention d'une manière toute spéciale. Une *Introduction*, dont le but qu'on s'est proposé explique et justifie les développements, met en relief les éléments de la langue parlée et de la langue écrite, et présente la solution rationnelle de toutes les difficultés de la prononciation. Nous signalons cette introduction comme une étude tout à fait originale.

Si, d'après la pensée de la circulaire précitée, aucune grammaire ne doit plus être mise entre les mains des élèves des écoles élémentaires, il n'en est que plus essentiel que les instituteurs s'attachent, en se servant eux-mêmes d'un livre comme d'un guide indispensable, à faire comprendre à leurs jeunes auditeurs l'importance de l'enseignement de la langue. La *préface* qui suit, et qui est adressée aux enfants, donnera aux maîtres l'idée de la manière dont ils peuvent, au début de leurs leçons orales, exciter, à ce point de vue, l'intérêt de leurs jeunes élèves.

Des questionnaires placés à la fin de chaque chapitre permettent aux maîtres de s'assurer que leurs leçons ont porté les fruits qu'ils en peuvent attendre. On ne saurait trop s'efforcer de transporter, des salles d'asile dans les écoles, l'excellente méthode des interrogations.

Une *syntaxe* détaillée complète le volume, et donne la solution de difficultés spéciales.

PRÉFACE.

Quand vous étiez tout petits, mes chers amis, vous parliez si mal, que vos mères ou vos nourrices pouvaient à peine vous comprendre. Vous défiguriez tous les mots, vous n'en prononciez que la moitié; souvent même vous donniez aux choses des noms tout différents de ceux qu'on leur donne ordinairement.

Peu à peu vous avez appris à parler comme les grandes personnes; mais toutes les grandes personnes parlent-elles bien? Non. Il y en a qui parlent mal, et fort mal. Si vous avez appris à parler comme ces personnes-là, je dois vous dire que vous parlez mal vous-mêmes, que bien des gens ne vous comprendront pas, et que souvent on se moquera de vous; car les fautes de langage qui sont permises quand on a trois ou quatre ans deviennent ridicules quand on en a dix ou douze. Mais comment apprendre à éviter ces fautes? comment apprendre à bien parler? Ecoutez une petite histoire qui est arrivée, il n'y a pas longtemps, à un enfant de ma connaissance.

Cet enfant, un peu trop accoutumé à faire ses volontés, se dispensait souvent d'aller à l'école ; et quand il y allait, il n'écoutait guère ce que disait le maître, de manière que, depuis deux ans qu'il étudiait, il n'avait presque rien appris. Son oncle, qui était curé dans un autre village, voyant avec chagrin le peu d'application de son neveu, le fit venir chez lui pour le surveiller de plus près et le corriger de sa légèreté. Et pour que la honte de paraître si ignorant fît naître en lui le désir d'apprendre, voici ce qu'il imagina.

Le jour même de l'arrivée de son neveu, il invita quelques enfants des plus sages et des plus instruits du village à venir dîner chez lui pour faire connaissance avec leur nouveau camarade; puis, vers le milieu du dîner, il se leva de table, comme s'il eût été obligé de sortir pour quelque affaire, et dit aux enfants de continuer leur repas. Dès que tous ces enfants se virent seuls, vous pouvez penser si les langues se délièrent. On commença à faire des questions au nouveau venu; on lui demanda quand il était arrivé. « *J'ai* arrivé ce matin, » répondit-il. A ces mots, tous les petits invités, suivant la recommandation que leur avait faite secrètement M. le curé, partirent d'un grand éclat de rire qui déconcerta beaucoup le petit ignorant, et lui fit monter le rouge au visage. Cependant la conversation continua, et au bout de quelques instants, on demanda à l'enfant si dans l'école de son village ils étaient très-nombreux. « *J'étions* cinquante, » répondit-il sans hésiter. Un eclat de rire encore plus fort accueillit cette réponse ; mais cette fois l'enfant perdit patience, et se levant de table tout en colère : « Il faut, dit-il, que vous soyez *ben* bêtes pour rire ainsi. » Un troisième éclat de rire fut toute la réponse qu'on lui fit. Il commençait à pleurer de rage, lorsque M. le curé, qui entendait tout cela d'une chambre voisine, rentra et lui dit :

« Mon cher enfant, ne vous fâchez pas contre vos camarades. C'est moi qui, pour votre bien, leur ai recommandé de vous reprendre ainsi chaque fois que vous parleriez mal. Autrement, ils sont trop bien élevés pour se moquer de personne ; ils n'auraient point ri, ils se seraient contentés de vous plaindre de votre ignorance.

— Mais, mon oncle, dit le petit homme, trop orgueilleux et trop enfant gâté pour vouloir reconnaître qu'il avait tort, ce sont eux qui parlent mal et non pas moi.

M. le curé, s'adressant alors à l'un des plus instruits de la troupe, lui demanda quelles étaient les fautes que son neveu avait commises. L'autre répondit :

« Il a dit : *J'ai arrivé*, au lieu de dire, *je suis arrivé* ; *j'étions*, au lieu de *nous étions* ; *ben*, au lieu de *bien*. »

Le petit étourdi ne cédait pas encore, et semblait vouloir soutenir qu'il avait eu raison de parler ainsi ; mais son oncle lui dit avec bonté :

« Gardez-vous bien, mon cher enfant, de vouloir soutenir des choses déraisonnables. Une pareille obstination serait bien plus ridicule encore que les fautes que vous avez pu commettre en parlant ; et, pour qu'une autre fois vous ne soyez pas tenté de disputer sur un pareil sujet, je vais vous expliquer la manière de connaître si l'on parle bien ou si l'on parle mal. Vous savez qu'il y a des choses que la loi de Dieu nous ordonne ou nous défend ; ainsi les commandements de Dieu nous ordonnent d'aimer et de respecter nos parents, et ils nous défendent de jurer et de mentir. Il y a d'autres choses qui nous sont ordonnées ou défendues par les lois de notre pays, par le prince, et par les magistrats qui nous gouvernent. Il en est quelques-unes enfin pour lesquelles il n'y a d'autre loi que l'usage, c'est-à-dire la manière d'être du plus grand nombre de personnes, et cet usage doit être suivi toutes les fois qu'il n'est contraire ni à la loi de Dieu ni aux lois de notre pays. Eh bien! mon enfant, le langage est une de ces choses pour lesquelles il faut suivre l'usage.

« Je sais bien ce que vous alliez me répondre, continua le curé en s'adressant à son neveu qui se disposait à parler ; vous alliez me dire que bien des gens parlent comme vous : c'est possible. Je vous dirai même que, si vous faisiez le tour de la France, vous trouveriez des endroits où la plupart des habitants font, en parlant, certaines fautes ; dans d'autres endroits vous trouveriez qu'ils en font d'autres, et, si vous vouliez imiter toutes ces différentes manières de parler, vous vous feriez un langage tout à fait ridicule et inintelligible. Mais elles ne sont pas ce qu'on appelle l'usage. L'usage, c'est la manière de parler du plus grand nombre de personnes instruites. Celles-là parlent presque toutes de la même manière, dans quelque endroit qu'elles habitent, parce qu'elles ont le véritable et bon usage, qui est partout le même, tandis que le mauvais langage varie de mille manières.

— Ah! mon Dieu! s'écria alors l'enfant, il faudra toute la vie pour aller de côté et d'autre chercher les gens instruits et écouter comment ils parlent, afin d'apprendre à bien parler.

— Sans doute, reprit le curé, ce serait un travail bien long et tout à fait impossible. Mais ce travail, il y a des hommes savants qui l'ont fait pour nous. Ils ont passé leur vie à observer l'usage, la manière de parler des personnes instruites et bien élevées, et ils ont ainsi établi les règles qu'il faut observer pour bien parler. Les livres qui contiennent ces règles, ces lois du langage, sont appelés *Grammaires*. Ainsi, mon enfant, qui sait la grammaire sait la manière de bien parler. On n'a donc pas besoin d'aller courir de tous côtés pour savoir comment parlent les gens instruits ; on n'a qu'à bien étudier la grammaire et à écouter les explications que le maître donne sur les règles qu'elle renferme. Voilà, mon cher neveu, ce que vous n'avez pas fait jusqu'ici, et ce que vous ferez, j'espère, à l'avenir.

— Il est vrai, mon oncle, reprit l'enfant, que je n'avais jamais connu l'utilité de la grammaire. Maintenant je comprends fort bien tout ce que vous venez de nous dire ; mais je vous assure que ces choses-là ne sont pas du tout dans ma grammaire.

— Ce qu'il y a dans votre livre, reprit le curé, revient tout à fait au même. Votre livre dit : *La grammaire est l'art de parler...* Or, mes enfants, un *art* c'est la réunion des règles qu'il faut savoir et observer pour bien faire une chose. Ainsi, quand on dit que la grammaire est *l'art de parler*, cela veut dire qu'elle renferme toutes les règles qu'il faut observer pour bien parler. Mais vous savez, mes enfants, qu'on ne s'exprime pas seulement avec la bouche. On peut, au lieu de prononcer des mots, les écrire, et faire entendre ainsi aux autres ce qu'on veut leur dire. Il faut donc aussi savoir la manière d'écrire les mots, c'est-à-dire des lettres que l'on doit employer dans la composition de chacun ; c'est ce que nous enseigne aussi la grammaire. Voilà pourquoi votre livre dit que *la grammaire est l'art de parler et d'écrire*. Quant au mot *correctement*, il signifie : sans faire aucune faute. Plus tard vous pourrez apprendre à parler et à écrire d'une manière élégante, agréable, etc. Mais la grammaire n'enseigne pas cela; elle se borne à ce qui est le plus indispensable, c'est-à-dire à nous apprendre à parler et à écrire sans commettre de fautes; voilà pourquoi l'on dit que *la grammaire est l'art de parler et d'écrire correctement.*

Cette leçon de M. le curé produisit son effet. Le jeune garçon comprit combien l'étude de la langue est nécessaire; il s'y appliqua avec ardeur, et il est aujourd'hui l'un des enfants les plus instruits de l'école. Vous avez tous le désir de faire comme lui; vous obtiendrez le même succès en profitant de tout votre pouvoir des leçons de grammaire que nous allons vous donner.

INTRODUCTION.

I

Langages naturels et langages arbitraires.

Lorsqu'un homme parle avec vivacité, et se trouve trop éloigné pour que l'on puisse saisir le sens des paroles qu'il prononce, il arrive souvent que ses gestes et le ton de sa voix font comprendre les sentiments et les pensées qu'il exprime. Ce langage des gestes ne sera pas moins intelligible, si la personne qui l'emploie parle une langue étrangère; c'est même le moyen auquel ont recours, pour se communiquer leurs pensées, les personnes qui n'ont pas la ressource d'une langue qui leur soit commune. C'est aussi le langage dont se servent instinctivement les sourds-muets à qui l'on n'a pas enseigné d'autre procédé; ils parviennent, avec cette pantomime naturelle, à se faire très-bien entendre.

Supposons maintenant que, pour parler d'un objet, au lieu de l'indiquer par un geste on le représente par une image : ce second moyen d'exprimer ses pensées, étant, comme le premier, pris dans la nature même, sera également compris dans tous les pays sans exception. Mais si ces deux sortes de langages ont l'avantage d'être compris partout, ils ont, d'un autre côté, de bien grands inconvénients; car, dès qu'il ne s'agit point d'un objet sensible ou d'une émotion violente de l'âme, le geste cesse d'être intelligible, et les ressources du dessin sont peut-être encore moins étendues. Il a donc fallu suppléer à l'insuffisance de ces langages *naturels* par des langages *arbitraires* ou de convention; c'est-à-dire qu'on est convenu que certains signes, qui par eux-mêmes n'ont aucune valeur, représenteraient telle ou telle idée, et, en adoptant un nombre suffisant de signes, on a pu trouver le moyen de rendre toutes les pensées. Mais il est évident que, pour comprendre ces signes, il faut connaître le sens et la valeur qu'ils tiennent de l'usage. Ces langages arbitraires sont donc plus complets que les langages naturels; mais ils ont besoin d'être appris.

Les langages de convention peuvent être formés au moyen de signes de toute nature. Les sourds-muets apprennent une pantomime de convention toute différente de la pantomime naturelle, puisque c'est un langage absolument inintelligible pour ceux qui ne l'ont point appris. Il y a eu aussi des langages de convention composés d'images, de figures d'hommes, d'animaux, etc.; témoin tous les monuments de l'Égypte, et, en particulier, l'obélisque que l'on admire à Paris, sur la place Louis XV, et qui est entièrement couvert de figures de ce genre. Ce langage est très-différent du langage d'images dont nous avons parlé; car, dans l'un, chaque signe étant destiné à indiquer l'objet qu'il représente naturellement, il n'y a aucune étude à faire pour le comprendre, tandis que les signes tracés sur les monuments de l'Égypte ne peuvent être compris si l'on ignore la valeur que les Égyptiens étaient convenus de leur donner.

Mais, de tous les langages de convention, le plus universel et le plus commode est celui de la *parole*, dans lequel les idées sont représentées par des mots composés eux-mêmes de sons diversement réunis et combinés. Ce langage devient bien plus avantageux encore par le fait de l'*écriture*, qui, en rendant les mots visibles, nous donne le moyen de faire parvenir l'expression de nos pensées aux lieux et aux temps les plus éloignés.

Les différents assemblages ou combinaisons de sons, que l'on appelle mots et qui servent de signes pour représenter les pensées, ne sont pas les mêmes chez tous les peuples; de là résultent les diverses langues; car une langue est l'ensemble des mots adoptés chez une nation pour l'expression et la communication des pensées. L'emploi de ces mots est toujours soumis à de certaines règles établies par l'usage, et dont l'étude constitue la Grammaire. Mais puisque la Grammaire nous apprend à nous exprimer correctement, non-seulement de vive voix, mais encore par écrit, nous avons à expliquer de quelle manière l'écriture représente la parole, à montrer les rapports qui existent entre la langue écrite et la langue parlée.

QUESTIONNAIRE.

Ne peut-on pas ranger dans deux grandes classes tous les moyens qui ont été donnés à l'homme pour communiquer ses pensées? — Quels sont les moyens qui appartiennent à la classe des langages naturels? — Quels sont les avantages et les inconvénients de ces sortes de langages? — N'y a-t-il pas un langage de convention qui consiste en gestes? — En quoi ce langage diffère-t-il de la pantomime naturelle? — N'y a-t-il pas aussi un langage de convention composé d'images? — Où voyons-nous des exemples de ce langage? — Quel est le plus universel et le plus commode de tous les langages de convention? — Au moyen de quels signes ce langage représente-t-il les pensées? — Le langage de la parole ne devient-il pas bien plus avantageux encore par le fait de l'écriture? — Le langage de la parole est-il le même chez tous les peuples? — Qu'est-ce qu'une langue?

II

Éléments de la langue parlée. — Différentes espèces de voix.

La langue française, et en général une langue quelconque, renferme un très-grand nombre de mots. Si l'écriture devait représenter chacun de ces mots par un signe particulier et différent de tous les autres, quel effort de mémoire ne faudrait-il pas pour apprendre et retenir une si grande multitude de caractères! C'est à peu près ce qui a lieu chez les Chinois, dont il est, à cause de cela, si difficile d'apprendre à écrire et même à lire la langue. L'écriture de la plupart des autres langues est bien plus simple et plus aisée; et, pour nous borner à ce qui concerne la langue française, on sait que, pour représenter tous les mots de cette langue, on n'emploie que vingt-cinq caractères, les vingt-cinq *lettres* de notre alphabet.

Pour comprendre comment on peut, au moyen d'un si petit nombre de signes, représenter une si grande quantité de mots, il n'y a qu'à observer que ces mots, quoique très-variés, résultent tous d'un nombre très-limité de sons diversement combinés. Il suffisait donc, pour pouvoir écrire tous les mots de la langue, d'adopter un signe, une lettre, pour chaque son. Examinons les divers sons de la langue française, et les signes qui les représentent.

Il y a d'abord une distinction à faire parmi les sons, ou plutôt parmi les éléments dont les mots sont formés; car une partie de ces éléments sont véritablement des sons, tandis que les autres ne sont que de certaines manières de produire ces mêmes sons. Ainsi, lorsque je dis *a, o, u, ou*, je produis des sons distincts et différents les uns des autres. Pour plus de clarté, on donne à ces sons le nom de *voix*. Mais avant de prononcer chacune de ces voix, je puis disposer les lèvres ou les dents, ou les autres organes qui se trouvent sur le passage de l'air qui doit la produire, de manière à arrêter cet air pendant quelques instants. Puis, aussitôt que cet obstacle momentané se trouve écarté, l'air sort avec plus de force qu'il n'aurait fait si on l'eût d'abord laissé passer librement. Cet effet peut être comparé à celui que produit la poudre à canon que l'on comprime fortement avant d'y mettre le feu. Au moment où elle s'enflamme, l'effort qu'elle fait pour repousser l'obstacle qui la resserrait donne lieu à une explosion plus ou moins violente. Or, c'est aussi une espèce d'explosion que produit l'air sonore, au moment où l'obstacle qui le retenait se trouve écarté, et cette explosion, qui donne au son un caractère particulier, change elle-même de nature, suivant l'organe qui la produit, et même suivant la manière dont cet organe agit. Si, par exemple, au moment de prononcer la voix *a*, je rapproche les lèvres l'une de l'autre, de manière à arrêter un instant l'air sonore, et qu'ensuite je fasse sortir cet air avec une espèce d'effort, au lieu d'entendre simplement le son *a*, on entendra *ba* ou *pa*, suivant que l'effort de l'air, pour écarter les lèvres, qui s'opposaient à son passage, aura été faible ou fort. Si l'obstacle avait été formé, non par les lèvres, mais par les dents, on entendrait *da* ou *ta*, suivant le degré de force avec lequel l'air s'échapperait. Or, que l'on prononce *ba* ou *pa* ou *da* ou *ta*, c'est toujours évidemment la même voix *a* que l'on entend; mais cette voix est produite dans ces divers cas avec des espèces d'explosions que l'on nomme *articulations*. Ces articulations, au lieu de précéder la voix *a*, auraient pu précéder la voix *i* ou une autre voix quelconque; mais elles ne peuvent exister seules. Les voix peuvent très-bien se faire entendre sans articulations; les articulations, au contraire, ne peuvent se faire entendre qu'au moyen des voix qu'elles précèdent; car, nous le répétons, une articulation n'est autre chose qu'une espèce d'explosion avec laquelle une voix se fait entendre, lorsqu'on a opposé quelque obstacle au passage de l'air qui la produit. En général, on représente les voix par des lettres appelées *voyelles*, et les articulations par d'autres lettres appelées *consonnes;* ce qui fait que quelquefois on donne aussi le nom de voyelles aux voix elles-mêmes, et celui de consonnes aux articulations. Mais il vaut mieux réserver les noms de voyelles et de consonnes pour les lettres, et ne point les appliquer aux voix ou aux articulations que ces lettres représentent, parce qu'en confondant les mots, on s'expose à confondre aussi les choses qu'ils expriment.

Les voix employées dans la langue française sont au nombre de huit; on les reconnaît aisément au moyen des lettres par lesquelles nous allons les représenter.

a, è, é, i. — o, eu, u, ou.

Pour représenter deux de ces voix, nous avons été obligé d'employer des combinaisons de deux voyelles; la dernière surtout, la voix *ou*, ne peut en aucune manière être représentée par une seule lettre. On remarque aussi que nous avons divisé ces huit voix en deux séries, distinction fondée sur la manière dont ces différentes voix sont produites. En effet, il est aisé de reconnaître que les lèvres, qui ne prennent presque aucune part à la prononciation des quatre premières, jouent au contraire le principal rôle dans la formation des quatre autres. Aussi appelle-t-on les voix de la seconde classe *labiales*. Quant à celles de la première classe, il n'est pas aussi aisé de leur donner un nom qui indique exactement la manière dont elles sont produites; on pourrait cependant les appeler *linguales*; la langue, en effet, prend assez de part à leur formation. Lorsqu'on prononce la voix *a*, elle s'écarte le plus possible du palais, laissant le passage entièrement libre à l'air sonore; puis, pour chacune des autres, elle s'approche graduellement du palais qu'elle touche entièrement lorsqu'on prononce la voix *i*, de manière à ne laisser à l'air qu'un passage extrêmement étroit.

Quant à la manière dont se produisent les quatre voix labiales, il est aisé de voir que, pour la voix *o*, les lèvres forment une espèce de cercle, qui se rétrécit graduellement; pour les suivantes, on remarque aussi que le gosier contribue beaucoup à la production de la voix *ou,* et n'est pas étranger non plus à la formation des autres. Bornons-nous à ces détails, les seuls qu'il soit utile de savoir sur la manière dont se forment les voix, et occupons-nous d'un autre fait indispensable à connaître pour les bien prononcer.

Les deux dernières voix de chacune des classes que nous venons d'établir, c'est-à-dire les voix *é, i, u, ou*, ne peuvent se prononcer que d'une seule manière ; voilà pourquoi ces voix se nomment *invariables* ou *constantes*. Au contraire, les deux premières voix de chaque classe, c'est-à-dire les voix *a, è, o, eu*, peuvent se prononcer chacune de différentes manières, et se nomment, à cause de cela, *variables*. D'abord, on peut, ou bien les prononcer entièrement avec la bouche, ou bien faire sortir par le nez une partie de l'air sonore qui sert à les produire ; ces voix peuvent donc être *orales* ou *nasales*. Dans les mots *avant, opinion*, les voix *a, o*, sont orales dans la première syllabe, et nasales dans la dernière ; quant aux voix *è, eu*, nous les trouvons orales dans *mer, jeune*, et nasales dans *bien, à jeun*.

Ce n'est pas tout ; lorsqu'une voix variable est orale, elle peut être grave ou aiguë. Une voix grave a quelque chose de plus sourd, elle se prononce un peu du gosier, et cet effort exigeant un peu plus de temps, on appelle assez souvent *longues* les voix graves, et *brèves* les voix aiguës. Mais ces expressions ont l'inconvénient de ne point indiquer les différences qui doivent exister dans le son même des voix, et qui sont pourtant le point essentiel, et de ne mentionner que les différences de durée, circonstance tout à fait accessoire. On pourrait même être induit, par ces expressions de *longues* et de *brèves*, à allonger une voix sans la faire grave, ce qui serait complétement ridicule. Ne nous occupons donc point, en français, de la durée qu'il faut donner aux voix ; établissons, au contraire, en règle générale, qu'il ne faut jamais, dans notre langue, allonger à dessein aucun son. On doit seulement s'attacher à le prononcer bien distinctement, et alors il arrivera que, sans y songer, et par un effet nécessaire du jeu des organes, on donnera un peu plus de durée aux voix nasales qu'aux voix orales, et aux voix graves qu'aux voix aiguës.

Pour donner une idée de la différence entre le son grave et le son aigu, nous allons indiquer les sons dont chaque voix se rapproche dans l'un et l'autre cas.

Indication des voix.	Sons dont elles se rapprochent lorsqu'elles sont	
	graves.	aigues.
a	o	è
è	a	é
o	ou	a
eu	u	o

Dans les exemples suivants, le premier des mots que nous donnons pour chaque voix nous la présente avec le son grave, et le second avec le son aigu : *tâche (signifiant travail), tache (signifiant souillure);* — *fête, messe;* — *apôtre, homme;* — *trompeuse, trompeur.*

Observons en terminant que les rapprochements indiqués dans le tableau ci-dessus peuvent être utiles, surtout aux personnes accoutumées à ne mettre aucune différence entre les sons graves et les sons aigus, ce qui est très-commun dans certaines parties de la France; mais ces imitations ne doivent pas être poussées trop loin. Ainsi, quoique l'*o* grave se rapproche sensiblement de l'*a*, il ne faudrait pas tomber dans le défaut d'un grand nombre d'habitants de Paris et des environs, qui, en prononçant la négative *pas*, disent presque entièrement *po*. Qui n'a également remarqué que le peuple de Paris, abusant des rapports qui existent entre l'*a* aigu et l'*è*, a fini par transformer le nom de *Mont-Parnasse* en celui de *Mont-Pernasse?*

QUESTIONNAIRE.

L'écriture emploie-t-elle un signe particulier pour représenter chaque mot? — Comment pouvons-nous représenter, avec vingt-cinq lettres, tous les mots de la langue française? — Comment divise-t-on les éléments dont les mots sont formés? — Qu'appelle-t-on voix? — Qu'appelle-t-on articulations? — D'où proviennent les différences qui existent entre les diverses articulations? — Les voix peuvent-elles se faire entendre sans articulations? — Les articulations peuvent-elles se faire entendre sans être unies à des voix? — Pourquoi appelle-t-on quelquefois les voix *voyelles*, et les articulations *consonnes*? — Est-il à propos de les nommer ainsi? — Combien y a-t-il de voix dans la langue française? — Comment les divise-t-on? — Comment se forment les voix linguales? — Comment se forment les voix labiales? — Quelles sont les voix constantes et les voix variables? — De quelles variations ces dernières sont-elles susceptibles? — Qu'est-ce qu'une voix nasale? — Donnez des exemples de la prononciation nasale pour les quatre voix variables. — Qu'appelle-t-on voix grave et voix aiguë? — Pourquoi appelle-t-on quelquefois les voix graves *longues* et les voix aiguës *brèves*? — Ces expressions ont-elles quelque inconvénient? — Quelle règle faut-il suivre pour la durée des sons en français? — De quel son se rapproche la voix *a* grave... exemple..., la voix *a* aiguë... exemple..., la voix *è* grave... exemple..., la voix *è* aiguë... exemple..., la voix *o* grave... exemple..., la voix *o* aiguë... exemple..., la voix *eu* grave... exemple..., la voix *eu* aiguë... exemple? — Que faut-il éviter dans ces rapprochements?

III

Des articulations.

Nous avons distingué dans toute langue parlée deux sortes d'éléments : les voix et les articulations. Nous avons fait connaître les différentes voix employées dans la langue française ; occupons-nous maintenant des articulations dont elle fait usage.

Les articulations, ainsi que nous l'avons déjà indiqué, se distinguent surtout les unes des autres par l'organe qui contribue le plus à leur formation ; puis encore, parmi les articulations qui appartiennent à un même organe, on établit des distinctions qui tiennent à la manière dont cet organe agit. D'après cela, on distingue d'abord des articulations labiales, c'est-à-dire qui sont produites surtout au moyen des lèvres : *b, p, f, v, m ;* des articulations dentales, à la formation desquelles les dents prennent assez de part : *t, d, s, z, n ;* des articulations palatales, qui se forment en rapprochant la langue du palais : *q, g* (fort, c'est-à-dire prononcé comme dans *guerre, gare*), *ch, j, gn* (prononcé comme dans *agneau*). Quelques-unes des articulations de cette classe, surtout les deux premières, *q, g,* sont aussi appelées quelquefois gutturales, parce que, pour les former, on appuie la langue contre la partie la plus reculée du palais, presque à l'entrée du gosier. Une articulation véritablement gutturale, c'est l'aspiration que quelques personnes font sentir en prononçant les mots qui commencent par un *h* aspiré ; mais, comme nous l'expliquerons lorsque nous traiterons de ces sortes de mots, on ne doit point, dans notre langue, faire entendre cette aspiration ; il est, au contraire, d'autres langues qui possèdent des aspirations beaucoup plus fortes encore, ce qui forme des articulations gutturales très-prononcées. Enfin, une dernière espèce d'articulations que nous avons en français, ce sont celles que l'on appelle linguales ; on en compte trois, savoir : *l, r* et *ill,* c'est-à-dire le *l* mouillé, comme dans *paille, famille.* Au sujet de cette dernière articulation, nous remarquerons d'abord l'imperfection de notre langue écrite, qui a besoin de trois lettres pour la représenter ; et puis l'altération que font subir à cette articulation un très-grand nombre de personnes, qui l'adoucissent au point de la prononcer, par exemple, dans le mot *défaillance,* absolument comme on prononce l'*i* dans *faïence.* Cette prononciation est défectueuse ; mais elle est aujourd'hui tellement répandue, qu'on peut presque la regarder comme un usage établi ; et l'on sait que, pour tout ce qui tient au langage, ce que l'usage autorise cesse d'être répréhensible.

Les articulations, avons-nous dit, ne se distinguent pas seulement par l'organe qui les produit, mais aussi par la manière dont agit cet organe. Par exemple, lorsque les lèvres, les dents ou d'autres organes se disposent de manière à intercepter momentanément le passage de l'air sonore afin de donner lieu à une articulation, ils peuvent n'intercepter cet air qu'imparfaitement et en laisser échapper une certaine quantité, d'où résulte une sorte de sifflement, qui précède l'articulation ; les articulations ainsi produites sont appelées *sifflantes*. Si, au contraire, l'air, dans l'instant qui précède l'articulation, est tellement intercepté qu'aucune espèce de sifflement ne se fasse entendre, l'articulation est dite muette. D'après cela, les consonnes labiales p, b, les dentales t, d, et les palatales q, g, sont muettes; au contraire, les labiales f, v, les dentales s, z et les palatales ch, j, sont sifflantes. On remarque encore des articulations à la prononciation desquelles le nez prend quelque part. En effet, lorsqu'on prononce, par exemple, un m ou un n, au moment où l'air sonore, retenu pendant quelques instants, vient à s'échapper, une petite partie de cet air sort par le nez, et même le faible son que produit cet air semble précéder d'un instant extrêmement court l'explosion qui constitue l'articulation. Ces sortes d'articulations sont dites *nasales* ; on en compte trois : m, n, gn.

Nous n'avons signalé ces distinctions de muettes, de sifflantes et de nasales que dans les trois premières classes d'articulations, c'est-à-dire parmi les articulations labiales, dentales et palatales. Les articulations linguales ne sont point susceptibles de ces modifications; mais, sur les trois articulations appartenant à cette classe, deux, c'est-à-dire l et r, sont assez souvent appelées liquides, probablement à cause de la facilité avec laquelle elles semblent couler et se glisser en s'unissant à une autre articulation ; comme, par exemple, dans les syllabes *bra*, *pra*, *bla*, etc., syllabes qui se prononcent très-facilement, tandis qu'on a beaucoup plus de peine à prononcer deux articulations de suite quand la seconde n'est pas une liquide, comme dans les syllabes *bda*, *pta*, etc. Quant à la troisième articulation linguale, appelée communément *l* mouillé, on ne peut la ranger dans la classe des linguales qu'autant qu'on lui laisse sa prononciation naturelle. Si l'on prononce cette articulation comme l'*i* dans *faïence*, elle devient une espèce d'articulation palatale qui se forme en rapprochant la langue du palais, comme quand on veut prononcer la voix *i* ; seulement on tient un moment la langue ainsi appliquée au palais avec assez de force pour opposer un obstacle au passage de l'air, et former ainsi une faible articulation suivie de la voix *i*, qui est inséparable de cette espèce d'articulation, et qui se fait même entendre un peu dans le *l* mouillé prononcé naturellement ; ce qui provient de ce que, pour produire cette articulation, la langue s'appuie contre le palais à peu près de la même manière que lorsqu'on veut prononcer la voix *i*.

Une dernière distinction que nous avons à signaler entre certaines articulations, c'est le plus ou le moins de force avec laquelle s'échappe l'air qui les produit. C'est là la seule différence qui existe entre les articulations *p* et *b*, *t* et *d*, *q* et *g*, *f* et *v*, *s* et *z*, *ch* et *j*. Cette distinction de fortes et de faibles n'existe que parmi les muettes et les sifflantes.

Le tableau suivant présentera le résumé de tout ce que nous venons de dire touchant les différentes divisions établies parmi les articulations.

	MUETTES.		SIFFLANTES.		NASALES.	LIQUIDES.
	forte.	faible.	forte.	faible.		
Labiales.	p	b	f	v	m	
Dentales.	t	d	s	z	n	
Palatales.	q	g (guerre)	ch	j	gn (agneau)	
Linguales.						l, r, ill (fille)

On aura peut-être remarqué que nous n'avons point parlé de l'articulation représentée par la consonne *x*. C'est que cette consonne représente une combinaison de deux articulations, savoir : l'articulation *q* et l'articulation *s*. Il résulte de là une articulation double, analogue aux doubles voix, que l'on appelle diphthongues, et dont nous voyons des exemples dans les mots *Dieu, roi*.

QUESTIONNAIRE.

Comment distingue-t-on les articulations les unes des autres? — Comment divise-t-on les articulations, lorsqu'on les considère par rapport à l'organe qui les produit? — Quelles sont les articulations labiales? — Quelles sont les articulations dentales? — Quelles sont les articulations palatales? — Ne donne-t-on pas aussi un autre nom à quelques-unes de ces dernières articulations? — Avons-nous dans notre langue des articulations gutturales proprement dites? — Quelles sont les articulations linguales? — Qu'y a-t-il à remarquer au sujet de l'articulation désignée communément sous le nom de *l* mouillé? — Qu'appelle-t-on articulations *sifflantes?.... muettes?.... nasales?* — Dans quelles classes d'articulations se trouvent ces modifications de sifflantes, de muettes et de nasales? — Qu'appelle-t-on articulations liquides? — D'où vient ce nom? — Qu'appelle-t-on articulations fortes et articulations faibles? — Dans quelles classes d'articulations remarque-t-on ces différences? — Pourquoi ne parle-t-on point, dans cette leçon, de l'articulation représentée par la consonne *x*?

IV

Lettres de l'alphabet. — Prononciation et orthographe.

On exprime par des signes appelés *lettres*, les différents sons et les différentes articulations; les lettres qui servent à représenter des sons ou voix sont appelées *voyelles*, et celles qui représentent des articulations, *consonnes*. Il y a, en français, six voyelles : *a, e, i, y, o, u*. Si bien des personnes sont dans l'habitude de n'en compter que cinq, c'est qu'elles réunissent l'*y* à l'*i*, d'après cette observation que l'*y* se prononce, tantôt comme un *i*, par exemple, dans les mots *mystère*, *Tyr*, etc.; tantôt comme deux *i*, par exemple, dans le mot *pays*, que l'on prononce comme s'il était écrit *païis*. Mais, les rapports qui existent entre la prononciation de ces deux voyelles n'empêchant pas qu'elles ne soient réellement deux lettres distinctes, qu'il n'est pas permis de remplacer l'une par l'autre lorsqu'on écrit, il n'est pas exact non plus de les confondre en faisant l'énumération des voyelles en usage dans notre langue.

Les consonnes, en français, sont au nombre de dix-neuf, savoir : *b, c, d, f, g, h, j, k, l, m, n, p, q, r, s, t, v, x, z*. En réunissant les voyelles aux consonnes, nous trouvons que notre alphabet se compose, en tout, de vingt-cinq lettres. On a donné le nom d'alphabet à cette collection de lettres, parce que, dans une ancienne langue que les savants étudient avec soin et à laquelle on emprunte un très-grand nombre de mots pour enrichir la nôtre, je veux dire dans la langue grecque, la première lettre qui correspond à notre *a*, s'appelle *alpha*, et la seconde, qui correspond à notre *b*, *bêta*. De là le nom d'*alphabet*, qui servit d'abord à désigner la série des lettres employées dans la langue grecque, et que l'on a également appliqué à désigner la série des lettres employées dans les autres langues.

De l'explication qui précède, on peut conclure qu'en grec les lettres ont chacune un nom particulier, qui est tout autre chose que la valeur même de la lettre; ainsi, par exemple, lorsque cette première lettre, dont on vient de parler, se trouve dans un mot, on la prononce, non pas *alpha*, mais seulement *a*, c'est-à-dire suivant sa valeur, qui est, comme vous voyez, fort différente de son nom. Cet usage de donner ainsi aux lettres des noms différents de leur valeur, avait été aussi adopté dans notre langue, où l'on appelle quelquefois la lettre *m*, *ème*, la lettre *r*, *ère*, etc. C'est même ainsi que l'on faisait nommer les lettres aux enfants en leur apprenant à lire, ce qui augmentait beaucoup pour eux la difficulté de l'épellation, puisque, par exemple, lorsqu'ils trouvaient réunies les trois lettres *m, a, r*, ils ne devaient pas lire *éme-a-ère*, comme semblait l'indiquer la manière dont chaque lettre, séparément, était prononcée ; mais bien *mar*, prononciation si différente de celle des lettres elles-mêmes, que l'enfant devait trouver de bien grandes difficultés dans un procédé aussi peu rationnel. Aussi cet usage vicieux est-il depuis longtemps abandonné. Non-seulement dans l'enseignement de la lecture, mais encore dans tout ce qui tient à la grammaire, on donne aux lettres des noms qui ne font qu'exprimer leur valeur même, de manière que le nom de chaque lettre indique comment on doit la prononcer dans les mots où elle entre. Voici, dans l'ordre de l'alphabet, les noms que l'on donne aujourd'hui aux lettres : *a, be, ce* ou *que* (suivant la manière dont le *c* se trouve placé, parce que, de la position de cette lettre, dépend sa prononciation, ainsi que nous l'expliquerons plus loin), *de, e, efe, ge*, ou *gue, he, i, je, ke, le, me, ne, o, pe, que, re, se, te, u, ve, xe, y* (*i* grec), *ze*. Ces noms sont tous du genre masculin.

Si chaque lettre était constamment et invariablement affectée à la représentation d'une même voix ou d'une même articulation, rien ne serait plus simple que d'établir les rapports entre la langue écrite et la langue parlée, et on n'aurait aucune peine à apprendre les règles de la prononciation, qui ont pour but de déterminer quelles sont les voix ou les articulations que représentent les lettres que nous voyons écrites : on n'aurait non plus aucune peine à apprendre les règles de l'orthographe qui ont pour but de nous enseigner par quelles lettres nous devons représenter les mots, c'est-à-dire les combinaisons de sons et d'articulations que nous entendons prononcer. Mais, dans notre langue surtout, la valeur de chaque lettre est susceptible de nombreuses variations qui rendent l'étude de la prononciation et celle de l'orthographe assez compliquées ; d'où l'on doit conclure que, si nous disons que, dans la nouvelle nomenclature, le nom de chaque lettre indique sa valeur, il faut entendre par là sa valeur la plus ordinaire. Ainsi, la lettre *t* se prononce quelquefois *ce*, par exemple dans *portion* ; on la nomme néanmoins *te*, parce que ce nom indique la valeur de la lettre *t* dans le plus grand nombre de cas.

QUESTIONNAIRE.

Qu'appelle-t-on lettres ? — Qu'appelle-t-on voyelles ? — Qu'appelle-t-on consonnes ? — Combien y a-t-il de voyelles en français ? — Pourquoi certaines personnes n'en comptent-elles que cinq ? — Combien avons-nous de consonnes ? — Combien y a-t-il de lettres en tout dans notre alphabet ? — D'où vient le mot alphabet ? — Ne donnait-on pas autrefois aux lettres des noms différents de leur valeur ? — Quel inconvénient cet usage présentait-il ? — Comment nomme-t-on aujourd'hui les lettres en français ? — Chaque lettre ne représente-t-elle qu'une seule voix ou une seule articulation ? — Quel est le but des règles de la prononciation ? — Quel est le but des règles de l'orthographe ? — Puisque chaque lettre a différentes valeurs, pourquoi dit-on que la valeur d'une lettre est indiquée par le nom qu'on lui donne ? — Les règles de la prononciation sont-elles utiles pour apprendre l'orthographe ? — N'est-il pas cependant nécessaire d'étudier aussi cette autre partie de la grammaire ?

V

Règles pour distinguer les voyelles nasales et les voyelles orales.

Il arrive quelquefois que deux ou même trois voyelles forment une seule syllabe, c'est-à-dire un mot ou une partie d'un mot que l'on prononce par une seule émission de voix ; c'est ce qui a lieu, par exemple, dans le mot *Dieu*, dans la seconde syllabe du mot *tombeau*, etc. On emploie donc en français, tantôt des voyelles simples, tantôt des voyelles composées, c'est-à-dire des combinaisons de deux ou de trois voyelles. Nous commencerons par étudier la prononciation des voyelles simples, qui sont: *a, e, i, y, o, u,* et nous passerons ensuite aux voyelles composées ou combinaisons de voyelles, comme *ai, au, oi, ou,* etc.

Mais nous devons avant tout faire une observation qui s'applique aux voyelles simples et aux voyelles composées. On se souvient de ce que nous avons dit des voix nasales, c'est-à-dire de ces sons que l'on prononce partie avec la bouche, et partie avec le nez. Or, toutes les voyelles simples et plusieurs voyelles composées pouvant représenter de ces sortes de voix, il faut savoir dans quel cas cela a lieu ; établissons à ce sujet la règle suivante :

Une voyelle simple ou composée représente un son nasal toutes les fois qu'elle est immédiatement suivie d'un seul m *ou d'un seul* n *faisant partie de la même syllabe qu'elle. On excepte les cas où le* m *est suivi d'un* n. Ainsi, dans le mot *entendement*, le premier, le second et le quatrième *e* devront représenter des voix nasales ; le troisième *e*, au contraire, représentera un son lingual, parce que, quoique immédiatement suivi d'un *m*, ce *m* ne se trouve pas appartenir à la même syllabe que l'*e*. Prenons encore pour exemples les mots *an, année, analyse, amnistie*. Dans le mot *an*, l'*a* est nasal, parce qu'il est suivi d'un seul *n* et que ce *n* appartient à la même syllabe que lui : dans le mot *année*, l'*a* n'est pas nasal, parce qu'il est suivi de deux *n*; l'*a* n'est pas nasal non plus dans le mot *analyse*, parce que le *n* qui le suit n'appartient pas à la même syllabe que lui [1]. Enfin il ne l'est pas dans le

---

1. Par exception, on prononce avec le son nasal l'*e* suivi de deux *m*, lorsque cet *e* se trouve au commencement d'un mot. Alors le premier *m* est employé à donner à l'*e* le son nasal, et le second conserve sa prononciation naturelle. Ainsi les mots *emmener, emmancher, emménager*, etc., se prononcent comme s'ils étaient écrits *en-mener, en-mancher, en-ménager*, etc. On peut, au reste, observer, pour donner une raison de cette exception,

mot *amnistie*, parce que le *m* qui le suit est lui-même suivi d'un *n*.

L'application de la règle que nous venons d'établir pourrait présenter une seule difficulté : ce serait de savoir dans quels cas le *m* ou le *n* qui suit une voyelle appartient à la même syllabe que cette voyelle. Pour distinguer ces cas, il suffit d'observer que le *m* ou le *n* qui suit une voyelle appartient à la même syllabe que cette voyelle toutes les fois qu'il n'est pas lui-même suivi d'une autre voyelle. Ainsi, toutes les fois qu'un *m* ou un *n* se trouve à la fin d'un mot ou devant une consonne, la voyelle qui précède est nasale.

Ce que nous venons de dire suffit pour reconnaître facilement dans quels cas une voyelle représente un son nasal, et dans quels cas elle représente un son lingual. Ajoutons seulement que certains mots étrangers terminés par une voyelle suivie d'un *m*, s'écartent de la règle que nous avons établie et que cette voyelle y conserve le son lingual. De ce nombre sont les mots *Abraham*, *Jérusalem*, *Selim*, et en général tous les mots hébreux terminés par un *m*, excepté le mot *Adam*, où le second *a* prend le son nasal, conformément à la règle ordinaire.

QUESTIONNAIRE.

Qu'avons-nous appris à connaître dans les remarques précédentes ? — Pourquoi est-il nécessaire d'apprendre maintenant les valeurs des lettres ? — Qu'appelle-t-on voyelles simples ou voyelles composées ? — Qu'est-ce qu'une syl-

---

que ces mots sont en effet primitivement formés de la particule *en* suivie d'un autre mot, et que c'est à cause du *m* qui commence ce second mot, que l'on a remplacé par un *m* le *n* de la particule. Or, ce changement dans l'orthographe ne se fait point sentir dans la prononciation. On prononce également avec le son nasal l'*e* des mots *ennui*, *ennoblir*, et de leurs dérivés composés : *ennuyer*, *désennuyer*, *ennoblissement*, etc. On le prononce encore de la même manière dans *enivrer*, *enorgueillir* et leurs dérivés. Dans tous ces mots, l'*e* prend le son de l'*a* nasal, comme nous l'expliquerons plus tard, et la syllabe suivante commence par l'articulation *n*, que l'on prononce naturellement.

labe? — Les voyelles composées peuvent-elles, comme les voyelles simples, représenter des voix nasales? — Dans quel cas une voyelle simple ou composée doit-elle avoir le son nasal? — Comment doivent se prononcer, d'après cette règle, les quatre *e* du mot *entendement*? — Comment doit se prononcer l'*a* dans les mots *an, année, analyse, amnistie*? — Y a-t-il quelques exceptions à la règle précédente? — Comment peut-on reconnaître si le *m* ou le *n* qui suit une voyelle appartient à la même syllabe qu'elle?

VI

Homonymes.

Pour en venir aux voix orales, rappelons que celles qui sont dites variables peuvent être prononcées avec le son grave ou le son aigu. Cela posé, il s'agit de passer en revue toutes les voyelles simples ou composées en usage dans la langue française, et de déterminer, pour chacune d'elles, non-seulement quelle est celle des huit voix orales qu'elle représente dans les diverses positions où elle peut se trouver, mais aussi, lorsqu'elle se trouve représenter une voix variable, de déterminer si cette voix doit se prononcer grave ou aiguë. Et, pour montrer d'abord combien est importante cette distinction du son grave et du son aigu dans les voix variables, nous allons donner une liste de mots dont le sens dépend entièrement du son que l'on donne aux voix variables qu'ils renferment. Chaque mot sera placé sur une même ligne dans deux colonnes. Dans la première, on indiquera le sens de ce mot lorsque la voyelle imprimée en italique a le son grave, et dans la seconde, on indiquera le sens de ce même mot lorsque la voyelle en question se prononce aiguë. Comme on pourra plus d'une fois consulter utilement cette liste, nous y avons classé les mots dans l'ordre alphabétique, afin qu'on retrouve plus aisément celui qu'on aura à chercher. Ces mots, qui diffèrent par le sens et qui se ressemblent plus ou moins par la prononciation et par l'orthographe, sont ce qu'on appelle des *homonymes*.

LISTE DES PRINCIPAUX HOMONYMES.

Prononciation grave.	Prononciation aiguë.
Acre, piquant.	Acre (de terre).
Alêne, outil d'un cordonnier.	Haleine, respiration.
Bâiller, ouvrir la bouche. Bayer aux corneilles.	Bailler, donner.
Bât, selle pour les bêtes de somme.	Il se Bat, verbe.
Bonace, calme de la mer.	Bonasse, simple d'esprit.
Brocard, raillerie.	Brocart, étoffe.
Broquart, bête fauve d'un an.	
Cilice, tissu de crin.	Silice, terre.
Cire, matière produite par les abeilles.	Sire, titre d'honneur.
Saint-Cyr.	
Coke, charbon de terre.	Coq, le mâle de la poule.
Faîte, sommet.	Faite, du verbe faire.
Fête, solennité, réjouissance.	Un Fait (le *t* se prononce).
Tu Fais, du verbe faire.	Il Fait, du verbe faire (le *t* ne se prononce point).
Faix, fardeau.	
Flan, gâteau.	Flanc, côté.
Forêt, grand bois.	Foret, outil qui sert à percer.
Le Forez, ancienne province de France.	
Gaz, fluide aériforme.	Gaze, tissu léger de fil.
Grave, adjectif.	Il Grave, verbe.
Hâle, air chaud qui flétrit le teint.	Halle, lieu où l'on tient le marché.
Jais, minéral d'un noir luisant.	Jet, action de jeter.
Geai, oiseau.	
Jeûne, abstinence.	Jeune, peu avancé en âge.
Legs, don fait par testament (on ne prononce ni le *g* ni le *s*).	Laid, opposé à beau.

HOMONYMES.

Prononciation grave.	Prononciation aiguë.
	Lait, liqueur blanche.
	Lai, religieux employé aux ouvrages domestiques.
Je Laisse, du verbe laisser.	Laisse, mener en laisse.
Maître, propriétaire.	Mètre, mesure.
Mer, océan.	Mettre, verbe.
	Mère, celle qui a donné naissance à un enfant.
Mort, cessation de la vie.	
More, habitant de la Morée.	Mors, frein.
Pêche, action de prendre du poisson.	Il Pèche, il commet un péché.
Pêne de serrure.	
Père, celui qui a engendré.	Peine, affliction.
Paire, couple.	Pair, égal.
Plaine, campagne unie.	
Poids, pesanteur.	Pleine, signifiant remplie.
Poix, résine.	Pois, légume.
Sas, tissu de crin qui sert à passer de la farine, du plâtre, etc.	Ça, signifiant cela.
Saine, féminin de sain.	Sa, adjectif possessif.
Scène, lieu où se passe une action.	Seine, fleuve.
Cène de N.-S. Jésus-Christ.	
Tâche, ouvrage.	Tache, souillure.
Tête, partie du corps.	Il Tette, verbe.
Très, adverbe.	Trait, ligne au crayon, etc.
Vaine, féminin de *vain*.	Veine, vaisseau qui contient le sang.
Vain, orgueilleux.	Vin, liqueur.
Etc., etc....	

Il est superflu de remarquer combien ces différences de prononciation sont importantes, surtout pour certains mots. Quels ridicules contre-sens ne ferait-on pas, par exemple, si l'on confondait *jeûne* et *jeune*, *coke* et *coq*, *mâtin* et *matin*, *pâte* et *patte*, *tâche* et *tache*, etc.!

QUESTIONNAIRE.

N'y a-t-il pas des cas où l'*e*, devant deux *m*, prend le son nasal? — Donnez des exemples. — Comment prononce-t-on les mots *emmener*, *emmancher*, etc.? — De quoi sont-ils formés? N'y a-t-il pas aussi quelques mots dans lesquels on donne le son nasal à l'*e*, suivi de deux *n*? — Comment prononce-t-on les mots *ennoblir*, *enivrer*, *enorgueillir*, etc.? — Combien y a-t-il, en français, de voix orales? — De combien de manières peuvent se prononcer les voix orales variables? — Que doivent renfermer les règles sur la prononciation des voyelles simples ou composées, représentant des voix orales? — La distinction du son grave et du son aigu est-elle bien essentielle? — Qu'appelle-t-on homonymes? — Que signifie le mot *acre* lorsqu'on prononce l'*a* grave?... lorsqu'on le prononce aigu? — Quelle différence y a-t-il entre la prononciation des mots *alêne* (outil) et *haleine* (respiration)? — Que signifie *bayer*, verbe où la voyelle composée *ay* prend le son de l'*è* grave?... — Quelle différence entre *bâiller* et *bailler*? — Que signifie *bât*, avec l'*a* grave et *bat* avec l'*a* aigu? — Quelle différence y a-t-il, pour la prononciation et pour le sens, entre *faîte* et *faite*?

VII

Règles pour la prononciation de la voyelle *a*.

Quelquefois, avons-nous dit, une voyelle se trouve seule dans une syllabe, ou accompagnée seulement de consonnes; quelquefois aussi elle se trouve réunie à d'autres voyelles, de manière à former avec elles une combinaison qui se prononce par une seule émission de voix.

Lorsque la voyelle *a* se trouve seule, elle a toujours le son *a*; il s'agit seulement de savoir quand elle doit se prononcer grave et quand elle doit se prononcer aiguë.

Avant d'entrer dans ce détail, nous ferons observer: 1° Que les mots où une voyelle a le son aigu étant en général beaucoup plus nombreux que ceux où elle a le son grave, il suffira d'indiquer ces derniers par manière d'exceptions; 2° que, pour ne pas donner des règles trop multipliées, qui seraient très-difficiles à retenir et à appliquer, nous nous bornerons aux plus importantes.

A est grave : 1° Quand il est employé pour nommer la lettre *a* elle-même ; exemple : *un a, une panse d'a*, etc.; mais il est aigu dans le verbe *il a* et dans la préposition *à* ; il est aussi aigu généralement à la fin des mots *ma, sa, il aima, sofa*, etc.;

2° Devant *bl*, *a* est grave dans *câble, diable, râble, accabler, ensabler, hâbleur* ; il est aigu dans les autres mots ; exemples : *aimable, capable, table*, etc. ;

3° Devant *br* dans *sabre, il se cabre, délabré*, et leurs dérivés [1] ; mais il est aigu dans *abri, cabriolet*, etc. ;

4° Devant *ce*, dans *grâce, disgrâce* ; mais il est aigu dans *gracieux*, etc. ;

5° Devant *ch*, dans *fâcher, gâcher, lâcher, mâcher, tâcher* (signifiant *faire en sorte*), dans l'adjectif *lâche*, dans le substantif *tâche* (travail, entreprise) et dans tous les dérivés et composés [2] de ces mots, comme *fâcheux, relâchement, lâcheté*, etc. Il est aigu dans les autres mots; exemples : *tache* (souillure), *attacher, cacher*, etc. ;

6° Devant *cl*, *a* est généralement grave ; exemples : *bâcler, racler, miracle*, etc. ; mais si le *c* est redoublé, l'*a* est aigu, comme, par exemple, dans *acclamation* ;

7° Devant *cr*, l'*a* est grave dans *âcre* et *âcreté* ; dans les autres mots, il est aigu : *nacre*, etc. ;

8° Devant *dr*, l'*a* est généralement grave ; exemples : *cadre, encadrer*, etc.; mais il est aigu lorsqu'il se trouve au commencement d'un mot : *adresse*, etc.;

9° Devant *fl* l'*a* est grave ; exemples : *rafle, rafler*, etc. ; mais si le *f* est redoublé, l'*a* est aigu ; exemple : *affliction*, etc.;

---

1. On dit qu'un mot est dérivé d'un autre, lorsqu'il se forme en changeant la terminaison de cet autre mot ; ainsi *sabrer* est dérivé de *sabre*.

2. On dit qu'un mot est composé d'un autre, lorsqu'il se forme en réunissant celui-ci à un autre mot : ainsi *relâcher* est composé de *lâcher*, parce qu'il est formé de la particule *re* réunie à ce verbe.

10° Devant *g* et *gn*, l'*a* n'est grave que dans *âge*, *gagner* et leurs dérivés ou composés, comme : *âgé*, *regagner*, etc. ;

11° Devant *m* et *n*, dans *âme*, *damner* et ses dérivés et composés, comme : *damnation*, *condamner*, etc. (Dans tous ces mots le *m* ne se prononce en aucune manière.) Dans *âne* et ses dérivés ; dans *crâne*, *les mânes*, *la manne* ;

12° Devant *p*, l'*a* est grave dans *râpe*, *râper*, *âpre*, *âpreté*, *câpre* ;

13° Devant *q* ou *cq*, dans *Pâques*, *Jacques* et ses dérivés ou composés : Dans les autres mots il est aigu : *paquet*, *acquérir*, etc. ;

14° Devant *rr*, *a* est grave ; exemples : *arrhes*, *bizarre*, *bizarrerie*, *larron*, *marri*, *équarrir*, etc. ;

15° Devant un *s* suivi d'une autre voyelle, l'*a* est grave toutes les fois que la syllabe qui suit est finale et muette ; exemples : *case*, *Pégase*, *gymnase*, etc. ; il l'est aussi dans *caser* et *raser* ; dans les autres mots il est aigu : *Asie*, etc. ;

16° Devant un *s* final qui se prononce, l'*a* est toujours grave : *un as*, *Arras*, *Barras*, etc. Lorsque le *s* ne se prononce pas, l'*a* est aussi le plus souvent grave ; exemples : *pas* (négation), *un pas*, *bas*, *cas*, etc. ; il est aigu dans les verbes : *tu chantas*, *tu parleras*, etc. ;

17° Devant *ss*, l'*a* est grave dans les substantifs, *une basse*, *casse*, *châsse* (à mettre des reliques), *châssis*, *classe*, *échasse*, *nasse*, *tasse* ; dans les adjectifs féminins, *basse*, *grasse*, *lasse* ; dans les verbes *casser*, *classer*, *compasser*, *enchâsser*, *passer*, et dans leurs composés ou dérivés ; enfin, à l'imparfait du subjonctif : *que j'aimasse*, *qu'ils chantassent*, etc. Dans les autres mots il est aigu : *chasser*, etc. ;

18° L'*a* est grave devant *ssion* et *tion* ; exemples : *passion*, *nation*, etc. ; mais nous ferons observer, au sujet de ces mots, que bien des gens, en les prononçant, ont le défaut de beaucoup trop allonger l'*a*. Dès lors que l'on donne à l'*a* le son grave, ce son se trouvera plus long que s'il était aigu ; mais, encore une fois, cet effet ayant lieu naturellement, il ne faut pas le prolonger à dessein ;

19° Devant *t*, l'*a* est grave dans *bât, mât, hâte, appât, dégât, mâtin* (chien), *pâte* et ses dérivés, comme *pâtissier*, etc., et dans les verbes *démâter, gâter, hâter, pâtir*. A l'imparfait du subjonctif : *qu'il aimât, qu'il chantât*, etc., et au prétérit défini : vous *parlâtes*, vous *chantâtes*, etc., l'*a* doit se prononcer plutôt grave qu'aigu, mais sans trop appuyer et de manière à tenir presque le milieu entre les deux prononciations. Devant deux *t*, l'*a* est toujours aigu : *attirer, attraper*, etc.;

20° Devant *tr*, l'*a* est généralement grave quand la syllabe qui suit est finale et muette ; exemples : *âtre, idolâtre*, etc.; il l'est même dans *idolâtrie ;* mais il est aigu dans *quatre, battre*. Lorsque la syllabe qui suit n'est pas une syllabe muette, l'*a* est aigu ; exemples : *Atrides, patrie*, etc. ;

21° Devant *vr*, l'*a* est toujours grave ; exemples : le *Havre, havre-sac, navrer*, etc.

Telles sont les principales règles pour la prononciation de l'*a*, l'une des lettres qui exigent le plus d'attention, parce que la différence entre l'*a* grave et l'*a* aigu étant très-sensible, les fautes que l'on fait sur ce point sont souvent très-choquantes. Ces règles étant trop compliquées pour pouvoir se graver facilement dans la mémoire, il vaut mieux les apprendre à la longue en les consultant toutes les fois que quelque difficulté se présente.

QUESTIONNAIRE.

En combien de manières différentes une voyelle peut-elle se trouver dans une syllabe ? — Quelle est la valeur de la voyelle *a* lorsqu'elle ne se combine point avec une autre voyelle ? — D'après cela, qu'y a-t-il à savoir touchant la prononciation de l'*a* ? — Ces voix variables sont-elles plus souvent graves qu'aiguës ? — Comment se prononce l'*a* lorsqu'on dit *un a, une panse d'a*? — Comment se prononce-t-il dans ces mots, *il a, à Londres* ? — Comment se prononce-t-il en général à la fin des mots? — Quels sont les mots où l'*a* suivi de *bl* se prononce grave? — Quels sont les mots où l'*a* est grave devant *br*? — Qu'entend-on lorsqu'on dit qu'un mot est composé d'un autre? — Comment se prononce l'*a* dans *grâce, disgrâce* et *gracieux*? — Dans quels mots l'*a* est-il grave devant *ch*? — Comment se prononce l'*a* devant *cl*? — Comment se prononce-t-il quand le *c* est redoublé, comme dans *acclamation*? — Dans quels mots l'*a* est-il grave devant *dr*? — Comment se prononce l'*a* devant *dr*? — N'y a-t-il pas des exceptions? — Comment se prononce l'*a* devant *fl*? — Qu'arrive-t-il lorsque le *f* est redoublé, comme dans *affliction*? — Comment se prononce l'*a* dans *âge, gagner*, et leurs dérivés ou composés? — Comment se prononce-t-il dans les autres mots devant *g*? — Comment se prononce l'*a* dans *âme, damner* et ses dérivés et composés, *âne* et ses dérivés? — Comment se prononce l'*a* dans *âpre, câpre, râpe* et leurs dérivés? — Comment se prononce-t-il dans les autres mots devant *p*? — Comment se prononce l'*a* dans *Pâques, Jacques* et ses dérivés ou composés? — Comment se prononce-t-il dans les autres mots devant *q* ou *cq*? — Comment se prononce l'*a* devant deux *r*? — Quelle règle faut-il suivre pour la prononciation de l'*a* devant un *s* suivi d'une autre voyelle? — Quelle est la valeur de l'*a* devant un *s* final qui se prononce? — Quelle est sa valeur devant un *s* final qui ne se prononce pas? — Y a-t-il des exceptions à cette dernière règle? — Dans quels mots l'*a* est-il grave devant deux *s*? — Comment se prononce l'*a* devant *ssion* ou *tion*? — Quel défaut remarque-t-on dans la manière dont beaucoup de personnes prononcent ces mots? — Dans quels mots l'*a* est-il grave devant *t*? — Comment doit-on le prononcer dans les prétérits des verbes, comme *vous portâtes, vous chantâtes*, etc.? — Comment se prononce l'*a* devant *tr*? — Comment se prononce l'*a* devant *vr*? — Les règles pour la prononciation de l'*a* sont-elles bien importantes? — Quel moyen doit-on employer pour les apprendre?

VIII

Règles pour la prononciation de la voyelle *e*.

La voyelle *e* est, de toutes les lettres de l'alphabet, celle dont la valeur éprouve le plus de variations. Elle représente, tantôt la voix constante *é*, appelée communément *e* fermé; tantôt, la voix variable *è*, connue sous le nom d'*e* ouvert; d'autres fois elle est absolument muette, c'est-à-dire qu'on n'en tient aucun compte dans la prononciation; ainsi, par exemple, le mot *empereur* se prononce exactement comme si le second *e* n'y était pas, et que le mot fût écrit : *empreur*. A la vérité, on entend bien une sorte de son très-faible entre le *p* et le *r*, mais c'est uniquement parce qu'une articulation ne peut se prononcer qu'autant qu'elle est jointe à un son, et nullement à cause de l'*e* qui se trouve entre *p* et *r*; car ce son indispensable se fait entendre aussi bien dans *emprunt*, où il n'y a point d'*e*, que dans *empereur*. Si l'on cherche à déterminer le son dont nous parlons, on trouvera que c'est celui de la voix *eu* affaiblie le plus possible. Mais quelquefois l'*e* que l'on appelle muet, c'est-à-dire l'*e* qui n'est ni ouvert, ni fermé, se trouve placé de telle sorte qu'il devient indispensable de le faire sentir assez fortement; on le prononce alors comme la voix *eu*. Ainsi, par exemple, il serait impossible de prononcer la phrase suivante : *je ne te redemande que le peu que je te donnai*, si l'on voulait glisser sur tous les *e* muets comme on fait en prononçant le mot *empereur*. On est, au contraire, obligé d'appuyer au moins sur quatre de ces *e*, avec autant de force que sur la voix *eu* du mot *peu*.

Ainsi, nous trouvons, en résumé, que l'*e* peut être : 1° fermé; 2° ouvert, et, dans ce cas, il peut se prononcer grave ou aigu; 3° muet, et alors, suivant la manière dont il est placé, tantôt on lui donne seulement ce faible son que l'on entend entre le *p* et le *r* dans les mots *emprunt*, *empereur*, et tantôt on lui donne le son *eu* aussi marqué que dans les mots *peu* et *feu*. Voyons quelles règles on doit suivre pour se déterminer entre tant de prononciations différentes.

1ʳᵉ RÈGLE. L'*e* est muet toutes les fois que, ne portant point d'accent, il termine une syllabe. Ainsi, dans *je te le redemanderai*, les six *e* sont muets; tandis que, dans *permettre*, les deux premiers ne le sont point, parce qu'ils ne terminent point les syllabes où ils se trouvent. Les deux premiers *e* de *légère* ne sont pas muets non plus, parce qu'ils portent des accents. Les seuls exemples que nous ayons d'un *e* muet suivi d'une consonne dans la même syllabe, sont les mots *cresson, cressonnière, dessus, dessous*. Ajoutons que, lorsqu'un *e*, final au singulier, se trouve suivi d'un *s* au pluriel, ce *s* ne change en rien la prononciation. Ainsi, l'on prononce *lettres* comme *lettre*.

2ᵉ RÈGLE. L'*e* est fermé, 1° lorsqu'il porte l'accent aigu : *bonté, zélé*, etc. ; 2° devant un *z* final : *assez, chez, parlez*, etc.; 3° dans les finales en *er*, lorsque le *r* ne se prononce pas : *portier, léger, chanter*, etc. Mais, lorsque le *r* se prononce, l'*e* est ouvert : *amer, cher, mer*, etc. ; 4° dans la conversation, on prononce fermé l'*e* des monosyllabes, *les, des, mes, tes, ses, ces*; mais, en parlant en public, il faudrait faire ces *e* ouverts. L'*e* est encore fermé dans la conjonction *et*.

3ᵉ RÈGLE. Dans les cas qui ne sont point compris dans les règles précédentes, l'*e* est toujours ouvert; ce qui revient à dire que l'*e* est ouvert : 1° lorsqu'il porte l'accent grave ou l'accent circonflexe; 2° lorsqu'il est suivi d'une consonne dans la même syllabe, sauf les exceptions ci-dessus mentionnées, savoir les mots *cresson, cressonnière, dessus, dessous*, où l'*e* est muet, et les finales en *ez* ainsi que celles en *er*, lorsque le *r* ne se prononce pas, lesquels *e* sont fermés.

Maintenant, pour compléter tout ce qui tient à la prononciation de l'*e*, il s'agit d'indiquer : 1° dans quels cas l'*e* muet doit se prononcer avec force, et dans quels cas il doit être entièrement mis de côté; 2° dans quels cas l'*e* ouvert doit se prononcer grave, et dans quels cas il doit se prononcer aigu.

D'abord, pour ce qui est de l'*e* muet, nous pourrons nous dispenser de donner aucune règle. C'est l'oreille seule qu'il faut consulter, ou plutôt la nécessité même indiquera quels sont les *e* que l'on doit faire sentir et ceux que l'on doit omettre ; car, lorsqu'on prononce plus ou moins fortement un *e* muet, c'est uniquement parce que cela est nécessaire pour servir d'appui à la voix. D'après cela, il est aisé de concevoir qu'en général, on devra prononcer l'*e* dans les monosyllabes, *je, me, te, de,* etc., à moins que plusieurs monosyllabes ne se trouvent à la suite l'un de l'autre; car alors on peut les prononcer comme s'ils formaient un seul mot, et il suffira d'appuyer sur l'*e* du premier. En général, il ne faut pas craindre d'appuyer sur les *e* muets toutes les fois que cela peut servir à rendre la prononciation plus douce ou plus claire. Mais ce que l'on doit éviter avec grand soin, c'est de prononcer les *e* muets comme les *e* fermés. Ce défaut, qui caractérise surtout l'accent gascon, et qui se retrouve aussi dans quelques parties de la Normandie, est un de ceux que l'on doit le plus s'efforcer de corriger dans la prononciation ; et rien n'est plus aisé, puisqu'il n'est personne qui ne sache prononcer la voix *eu* dans les mots *feu, jeu,* etc. ; or, c'est là le son que l'on doit donner à l'*e* muet lorsqu'on le prononce.

Quant aux règles pour distinguer l'*e* ouvert grave de l'*e* ouvert aigu, elles sont au moins aussi compliquées que celles de l'*a* ; mais elles sont moins indispensables, la différence entre l'*e* ouvert grave et l'*e* ouvert aigu n'étant pas aussi sensible que celle qui se trouve entre l'*a* aigu et l'*a* grave. Nous nous en tiendrons donc sur ce point aux indications que nous avons données dans la liste des homonymes [1], en ajoutant seulement que l'*e* ouvert est très-grave : 1° lorsqu'il porte l'accent circonflexe : *tempête, arrêt,* etc. ; 2° dans les finales en *ès* : *procès, succès,* etc.

QUESTIONNAIRE.

Combien de sons différents la voyelle *e* peut-elle représenter? — Quelle est la valeur de l'*e* muet? — N'est-on pas

---

[1] Mêmes mots qui expriment des choses différentes.

quelquefois obligé de prononcer l'*e* muet avec plus de force? — Quel son lui donne-t-on alors? — Dans quels cas l'*e* est-il muet? — Dans quel cas l'*e* est-il fermé? — Dans quels cas l'*e* est-il ouvert? — Comment prononce-t-on l'*e*, lorsque, ne portant point d'accent, il termine une syllabe? — Dans les mots *je te redemande cette légère grâce*, combien y a-t-il d'*e* muets? — Pourquoi le sont-ils? — Pourquoi les autres ne le sont-ils pas? — N'y a-t-il pas quelques mots où l'*e* est muet, quoique suivi d'une consonne dans la même syllabe? — La consonne *s*, ajoutée à un *e* muet final pour indiquer le pluriel, fait-elle que cet *e* cesse d'être muet? — Comment prononce-t-on l'*e* surmonté d'un accent aigu? — Comment prononce-t-on l'*e* dans les finales en *ez*? — Quelle est la valeur de l'*e* dans les finales en *er* lorsque le *r* ne se prononce pas? — Quelle est sa valeur lorsque le *r* se prononce? — Comment prononce-t-on, dans le langage de la conversation, l'*e* des particules *mes, tes, ses, des, ces*? — Comment faudrait-il prononcer cet *e* en parlant en public? — Quelle est la valeur de l'*e* surmonté d'un accent grave ou d'un accent circonflexe? — Comment se prononce l'*e* suivi d'une consonne dans la même syllabe? — D'après quel principe faut-il se guider pour distinguer les *e* muets qui doivent se prononcer avec une certaine force et ceux qu'il faut omettre entièrement? — Que faut-il surtout remarquer au sujet de la prononciation des monosyllabes terminés par un *e* muet? — En général, faut-il craindre de faire sentir un trop grand nombre d'*e* muets? — Quel est le défaut contre lequel il faut surtout se tenir en garde dans la prononciation de l'*e* muet? — Est-il difficile aux personnes qui auraient ce défaut de s'en corriger? — Les règles pour distinguer l'*e* ouvert grave de l'*e* ouvert aigu sont-elles aussi indispensables que celles qui concernent l'*a*? — Quels sont les cas où l'*e* doit surtout se prononcer très-grave?

IX

De l'*e* muet.

La voyelle *e* est de toutes les lettres celle dont la prononciation se trouve soumise à des règles plus compliquées et doit par conséquent être étudiée avec le plus de soin. Cette voyelle peut, nous le répétons, représenter trois voix différentes : la voix *é*, la voix *è*, et la voix *eu*; dans le premier cas on l'appelle *e* fermé; dans le second, *e* ouvert; dans le troisième, *e* muet. Les dénominations d'*e* fermé et d'*e* ouvert viennent de ce que, pour prononcer le premier de ces sons, il faut ouvrir beaucoup moins la bouche que pour prononcer le second; quant au nom d'*e* muet, on en trouvera le motif dans la règle suivante, qui résume tout ce qu'il y a à dire sur la manière de prononcer cet *e*.

Règle Ire. L'*e* muet se prononce distinctement avec le son de la voix *eu* lorsque ce son est nécessaire pour prononcer sans trop d'effort les consonnes qui le précèdent; dans tout autre cas, on n'en tient absolument aucun compte dans la prononciation.

Afin de rendre cette règle parfaitement claire, prenons pour exemples les mots *entrepôt* et *empereur*. Dans le premier, il serait presque impossible de prononcer *entrpôt;* le choc de ces trois consonnes si dures, *t*, *r*, *p*, a besoin d'être adouci par un son bien marqué qui sépare le *r* du *p*; on doit donc prononcer presque comme s'il y avait *entreupôt*. Au contraire, rien n'empêche de prononcer *empreur* comme on prononce *emprunt*; aussi le mot empereur se prononce-t-il absolument comme s'il n'y avait pas d'*e*.

C'est donc avec raison que l'on appelle muet l'*e* qui représente à peu près le son *eu*, puisque cet *e* ne se prononce jamais que par nécessité, en sorte que, si on le supprimait dans l'orthographe, on ne laisserait pas d'être obligé de prononcer absolument comme lorsqu'il s'y trouve.

Cette règle, bien comprise, suffit pour déterminer les cas où l'*e* muet doit être prononcé d'une manière claire et distincte et ceux où il doit être à peu près supprimé. Au lieu de donner à ce sujet des règles de détail, contentons-nous de montrer par un exemple la manière d'appliquer la règle générale. Dans cette phrase : *l'entrepreneur que je te demandai, amène-*

*l*E-*moi, sinon j*E *te l*E RE*demanderai encore prochainement ;* CE *qu*E *j*E *ne t*E *dis qu*E *pour*, etc. ; il est aisé de reconnaître que la prononciation ne saurait être douce et claire, si l'on ne fait entendre bien distinctement tous les e muets que nous avons signalés en les écrivant en petites capitales; tandis que les autres peuvent être à peu près supprimés.

Indiquons maintenant quelques remarques que l'on peut faire sur cet exemple. Lorsqu'un mot est composé de plusieurs syllabes, comme *demandai*, *prochainement*, la voix, trouvant des points d'appui dans les syllabes sonores, peut très-bien glisser rapidement sur la syllabe muette ; l'*e* se supprime alors entièrement, à moins qu'il ne se trouve précédé de deux consonnes, comme dans *entrepreneur*. Il suit de là que l'*e* muet est supprimé notamment dans les syllabes finales ; car une syllabe finale est nécessairement précédée d'une autre syllabe, sur laquelle la voix peut appuyer[1]. Mais, dans les monosyllabes, la voix n'ayant pas d'autre point d'appui, il est indispensable de prononcer l'*e* muet. Si cependant il se trouve plusieurs monosyllabes de suite, on les réunit alors dans la prononciation de manière à en faire comme un seul mot composé de plusieurs syllabes muettes placées à la suite les unes des autres ; alors on se contente de prononcer fortement quelques-uns de ces monosyllabes, et, quand la voix a ainsi trouvé un nombre suffisant de points d'appui, elle peut glisser sur les autres.

A ce sujet nous ferons observer qu'il n'est pas

---

1. On prononce pourtant avec force l'*e* muet des finales *ble*, *bre*, *cle*, *cre*, *ple*, *pre*, *tre* et autres semblables, lorsque le mot qui suit commence par une consonne. Exemples : *son propre frère, votre maison*. Et si quelquefois le laisser aller de la conversation permet de passer rapidement sur ces finales, surtout dans certains mots d'un usage plus fréquent, on se voit obligé, pour pouvoir supprimer l'*e*, de supprimer aussi le *r*. Ainsi, pour éviter de prononcer à peu près *notreu pèrc*, il n'y a pas d'autre moyen que de dire *not'père*, prononciation qui, nous le répétons, n'est admise que dans la conversation la plus familière.

exact de dire en général qu'il ne peut y avoir dans un mot deux syllabes muettes de suite; car on en trouve deux dans *redemander*, et trois dans *redevenir*. Ce n'est qu'à la fin des mots que deux syllabes muettes ne peuvent se trouver à la suite l'une de l'autre. Voilà pourquoi, dans le verbe *amener*, la syllabe *me* change à l'impératif son *e* muet contre un *e* ouvert, en sorte que l'on dit *amène*. Maintenant, si un impératif est suivi du pronon *le*, comme dans *amène-le*, l'*e* muet de ce pronon doit se faire entendre d'une manière bien marquée; on prononcera donc presque *amèn'leu*. Ce n'est même pas seulement après une finale muette que le pronom *le*, ainsi placé, doit être prononcé d'une manière claire et forte; il doit en être de même après toute autre finale, comme dans *amenez-le, donnez-le-moi, rendez-le à son maître*. Cette remarque est d'autant plus importante que bien des personnes, dans ce cas, suppriment l'*e* et disent, par exemple, *amenez-l'à son père*, ce qui est une prononciation vicieuse. Si cependant on avait à lire ce vers de Voltaire :

Rendez-le à mon amour, à mon vain désespoir,

ou cet autre de Racine :

Condamnez-le à l'amende, où, s'il le casse, au fouet,

il faudrait nécessairement élider l'*e*, qui, autrement, donnerait au vers une syllabe de trop. Ce n'est que dans ce seul cas qu'une pareille prononciation est permise; encore est-elle si désagréable à l'oreille, que Racine n'en a qu'un seul exemple, et cet exemple se trouve dans la comédie des *Plaideurs*, composition dont le style exigeait bien moins de soin que ses tragédies, où il a changé lui-même tous les vers de ce genre qui se trouvaient dans les premières éditions.

Le pronom *je* se place aussi quelquefois après un verbe terminé par une finale muette, mais alors l'*e* muet de cette finale se remplace par un e fermé; ainsi on ne dit pas *à quoi pense-je? dusse-je périr*, etc., mais *à quoi pensé-je? dussé-je périr*.

Il reste maintenant à expliquer dans quels cas l'*e* est muet. Il serait inexact de dire que l'*e* est muet lorsqu'il ne porte pas d'accent. Sans doute, pour qu'un *e* soit muet, il faut qu'il n'ait point d'accent; mais cette condition ne suffit pas, comme le montrera la règle suivante.

Règle II. L'*e* est muet toutes les fois que, ne portant point d'accent, il termine une syllabe.

Cette règle est trop simple et trop claire pour avoir besoin d'explication. Du reste, elle montre parfaitement pourquoi, lorsque l'*e* muet de l'avant-dernière syllabe d'un verbe doit être remplacé par un *e* ouvert à cause de la finale muette, on double quelquefois la consonne qui suit cet *e*; pourquoi, par exemple, le verbe *appeler* fait au présent de l'indicatif *j'appelle*. Par ce moyen, en effet, l'*e* n'est plus final de la syllabe; puisque, suivant les principes de l'épellation, le premier des deux *l* fait syllabe avec lui.

La règle précédente n'a d'autres exceptions que les mots *enivrer* et *ennoblir*, et leurs dérivés et composés, dans lesquels l'*e* prend le son nasal, *an*. D'un autre côté, aux cas indiqués par cette règle, il faut ajouter quelques mots où l'*e*, bien que suivi d'un *s* dans la même syllabe, est cependant muet. Ce sont les mots *cresson, cressonnière, dessous, dessus, ressemblance, ressembler, ressentiment, ressentir, ressort, ressortir, ressource*, et quelques autres peut-être qui auront échappé à nos recherches, mais dont le nombre doit être très-limité.

QUESTIONNAIRE.

Combien de voix différentes peut représenter la voyelle *e*? — Combien de noms différents reçoit cette voyelle? — D'où viennent ces dénominations? — Quelle règle faut-il suivre pour la prononciation de l'*e* muet? — Appliquez cette règle à l'exemple suivant : *L'entrepreneur que je te dé-*

mandai, amène-le-moi ; sinon, je te le redemanderai encore prochainement ; ce que je ne dis que pour, etc. — Que remarque-t-on en général sur les *e* muets dans les mots composés de plusieurs syllabes ? — Que remarque-t-on spécialement au sujet des syllabes finales muettes ? — Que remarque-t-on sur les monosyllabes ? — Comment lirait-on ces vers : *Condamnez-le à l'amende et, s'il le casse, au fouet* ? — Le pronom *je* ne se met-il pas aussi quelquefois à la suite d'un verbe terminé par un *e* muet ? — Serait-il exact de dire avec certaines grammaires, que l'*e* est muet lorsqu'il ne porte pas d'accent ? — Quelle est la règle pour distinguer les *e* muets ? — Cette règle a-t-elle quelque exception ? — N'y a-t-il pas quelques *e* muets qui ne soient pas compris dans cette règle ? — Peut-on expliquer au moyen de la règle précédente pourquoi, en doublant une consonne, on change l'*e* muet qui précède en un *e* ouvert ; par exemple, pourquoi l'*e* muet dans *appeler* est-il ouvert dans *j'appelle* ?

X

Des voyelles *i* et *y*.

La prononciation de l'*i* n'exige aucune règle particulière, car cette voyelle représente invariablement le son *i*, à moins 1° qu'elle ne soit nasale, et nous avons donné des règles pour reconnaître les cas où une voyelle est nasale ; 2° ou qu'elle ne se combine avec une autre voyelle, comme par exemple dans les syllabes *ai, oi,* etc. Nous traiterons bientôt des diverses combinaisons de voyelles.

Le son *i* est aussi représenté par la voyelle *y* appelée *i grec*. Plus tard, en traitant de l'orthographe, nous ferons connaître les mots qui, à cause de leur origine, doivent être écrits par un *y*. Pour le moment, il suffit de savoir : 1° que, dans tous les mots où l'*y* n'est employé que pour ce motif, il se prononce exactement comme l'*i* ; 2° que l'on reconnaît tous ces mots à ce caractère bien aisé à remarquer, savoir : que l'*y* s'y trouve toujours précédé d'une consonne, et que ces mots sont les seuls où l'*y* se trouve après une consonne. On peut tirer de tout cela la règle suivante : l'*y* se prononce exactement comme l'*i* toutes les fois qu'il est précédé d'une consonne; exemples : *style, hygiène, syllabe, physique*, etc.

Mais l'*y* s'emploie aussi en français dans certains mots qui n'ont aucun rapport avec le grec; et dans lesquels, à cause de sa forme, on est convenu de s'en servir pour représenter deux *i* après une voyelle. Toutes les fois donc que l'*y* se trouve précédé d'une voyelle, on doit le regarder comme équivalant à deux *i*. Ainsi les mots *pays, moyen, ayant*, etc., se prononcent comme s'ils étaient écrits *paiis, moiien, aiiant*; c'est-à-dire que le premier *i* se combine avec la voyelle qui précède, comme nous l'expliquerons plus tard; et que le second se prononce de la manière ordinaire, ou se combine à son tour avec la voyelle suivante, s'il y a lieu.

Cette règle présente quelques exceptions; ce sont les mots *ayeux, Bayonne, bayonnettes, fayence* et ses dérivés, *payen*. Ces mots, au lieu de se prononcer *ai-ieux, pai-ien*, etc., comme cela devrait être d'après la règle précédente, se prononcent *a-ieux, fa-ience, pa-ien*, etc.; c'est-à-dire que l'*y* n'y a que la valeur d'un *i* simple, mais d'un *i* surmonté du tréma (*ï*); signe qui indique que l'*i* ne s'unit point à l'*a* qui le précède, de manière à former avec lui le son *é* ou *è*, et qu'il conserve sa prononciation propre. Du reste on remplace aujourd'hui, dans la plupart de ces mots, l'*y* par l'*ï*, et l'on écrit beaucoup plus généralement *aïeux, faïence, païen*, que *ayeux*, etc.; mais l'*y* se conserve encore dans *Bayonne*. Cet emploi irrégulier de l'*y* dans les mots que nous venons de citer est un reste de l'ancienne orthographe; car autrefois tous les mots où se trouve aujourd'hui un *i* s'écrivaient par *y* : Ainsi on trouve dans les anciens livres *Moyse* au lieu de *Moïse*, *Héloyse* au lieu de *Héloïse*, etc. Si donc l'on rencontrait quelqu'un de ces mots écrit de la sorte, il faudrait se souvenir que l'*y* n'y a que la valeur d'un *i*, avec tréma.

Dans certains cas l'*y* précédé d'une voyelle se trouve suivi d'un *i*, et, en vertu de la règle que nous venons de donner, ces mots doivent se prononcer comme s'il y avait trois *i* de suite. Sans doute ces trois *i* ne se font pas sentir d'une manière bien distincte, mais on les indique en appuyant un peu plus que s'il n'y en avait que deux. Ainsi dans cette phrase : *Hier nous ne voyions pas cela, mais aujourd'hui nous le voyons très-bien*, on insistera bien davantage sur le son *i* dans *voyions*, que dans *voyons*. Il en sera de même dans cet autre exemple, où tous les *i* conservent leur son naturel : *Vous vous ennuyez maintenant beaucoup moins que vous ne vous ennuyiez la semaine dernière*.

L'*y* a exactement la même valeur qu'un *i* simple dans l'adverbe *y* et dans un petit nombre de mots où il se trouve placé, soit au commencement, soit à la fin. Ces mots sont : *bey, dey, yacht* (sorte de navire), *yeuse* (espèce de chêne), *yeux* (pluriel de *œil*).

QUESTIONNAIRE.

Qu'y a-t-il à observer relativement à la prononciation de la voyelle *i* ? — Le son *i* n'est-il pas aussi représenté par une autre lettre ? — Pourquoi appelle-t-on la voyelle *y* *i grec* ? — Quelle est la règle générale pour prononcer l'*y* précédé d'une consonne ? — Quelle est la valeur de l'*y* entre deux voyelles ? — Cette règle n'a-t-elle pas des exceptions ? — Comment prononce-t-on les mots où l'*y* est suivi d'un *i* ? — Comment prononce-t-on l'*y* dans les mots qui ne sont point compris dans les règles précédentes ? — Quels sont ces mots ?

XI

Prononciation des voyelles *o* et *u*.

La voyelle *o*, nous l'avons vu, est du nombre de celles qui se prononcent tantôt graves, tantôt aiguës, et la différence entre le son de l'*o* grave et celui de l'*o* aigu étant très-sensible, les fautes que l'on commet sur ce point sont des plus choquantes ; il est donc essentiel d'établir, pour la prononciation de cette voyelle, des règles faciles à retenir et à appliquer.

Rappelons d'abord que le son de l'*o* grave se rapproche sensiblement du son *ou*, tandis que l'*o* aigu a du rapport avec le son *a*. Maintenant, pour donner le moyen de reconnaître les mots où l'*o* doit être grave et ceux où il doit être aigu, nous pouvons dire que ces derniers sont de beaucoup les plus nombreux, en sorte qu'il suffira de désigner ici les autres, c'est-à-dire ceux ou l'*o* est grave. Voici ceux d'entre ces mots qu'il est le plus essentiel de connaître.

1° L'*o* est grave dans toute syllabe finale, à moins qu'il n'y ait après cette voyelle une consonne qui se prononce ; ainsi l'*o* est grave dans *écho*, *Saint-Malo*, *Pedro*, *mot*, *entrepôt*, *trop*, *trot*, etc., mais il ne l'est pas dans *alors*, *coq*, etc.

Plusieurs grammairiens donnent à ce sujet des règles complétement fausses. Ainsi, ils établissent une grande différence entre la prononciation du pluriel et du singulier dans les mots terminés en *ot*; ils disent, par exemple, que l'*o* est grave dans *des mots* et aigu dans *un mot*. Cette distinction est illusoire ; prononcer l'*o* aigu dans *mot* est une faute habituelle, il est vrai, dans certaines provinces, mais qui n'en est pas moins contre le bon usage.

Quant à la distinction que certains auteurs établissent entre les mots où l'*o* porte un accent circonflexe et ceux où cette voyelle est sans accent, elle a peut-être quelque fondement. Ainsi, en observant attentivement la prononciation des personnes qui parlent le plus purement la langue, on peut remarquer que l'*o* est un peu plus grave dans *tantôt*, *entrepôt*, etc., que dans *mot*, *trop*, etc. Mais cette différence n'est pas très-importante, et surtout elle n'infirme en rien la règle générale que nous venons d'établir, savoir que l'*o* est grave dans toute syllabe finale, à moins qu'il n'y ait ensuite une consonne qui se prononce.

2° L'*o* est grave dans *rôder* et ses dérivés ; *drôle* et ses dérivés ; *geôle* et ses dérivés ; *rôle* et ses composés, *enrôler*, *contrôle*, etc. ; dans *enjôler*, *môle*, *tôle* ; dans toutes les finales en *ome*, soit que l'*o* porte l'accent circonflexe, ou non ; exemples : *Chrysostome, atome ;* enfin dans *aumône* et ses dérivés, *aumônier, aumônerie ;*

3° Toutes les fois qu'il est suivi d'un *s* prononcé comme *z* : *chose, oser, reposoir, rosier,* etc. ;

4° Dans *grosse, grosseur, dégrossir,* et autres dérivés ou composés de *gros, fosse* et ses dérivés ; *dossier, endosser, adosser ; osseux, désosser ;*

5° Dans *côte* et ses dérivés, *côtelette, côtier,* etc. ; *côté ; hôte* et ses dérivés ; *maltôte* et *maltôtier,* et à tous les temps du verbe *ôter ;*

6° Dans *apôtre,* le *nôtre,* le *vôtre ;* mais *o* est bref lorsque *notre* ou *votre* est suivi d'un substantif ; *notre père, votre maison.*

La voyelle *u* ne présente point, comme l'*o*, les différences du son grave et du son aigu ; elle demande néanmoins à être étudiée avec attention à cause de certains mots où, au lieu du son *u*, elle prend le son *ou*, et de ceux, en bien plus grand nombre, où elle ne se prononce en aucune sorte. Ces irrégularités dans la prononciation de l'*u* n'existent jamais que lorsque cette voyelle est précédée d'un *g* ou d'un *q* ; examinons-la successivement dans ces deux positions.

Règle I. L'*u* précédé d'un *g* et suivi d'un *e* ou d'un *i*, comme dans *quérir, guide*, ne se prononce point ; dans cette position, l'*u* ne sert qu'à conserver au *g* le son naturel, et à l'empêcher de prendre le son accidentel *je*.

Sont exceptés de cette règle : *arguer, aiguille* et ses dérivés, comme *aiguillon*, etc. ; *aiguiser*, et ses dérivés, et les noms propres *Aiguillon, Le Guide, Guise*. Remarquez qu'il ne s'agit ici que de noms propres ; on ne prononcera donc point l'*u* dans : *Je le guide à ma guise*. Il faut excepter encore le mot *ciguë*, exception suffisamment indiquée par le tréma placé sur l'*e*. Enfin l'*u* doit se prononcer dans tous les mots variables qui, à quelqu'une de leurs formes, se terminent en *u*; par exemple, *aiguë*, *exiguë*, qui, au masculin, font *aigu*, *exigu*. Cette exception s'étend même aux mots dérivés d'un mot terminé en *u*; ainsi l'*u* se prononce dans *exiguïté*, à cause d'*exigu*.

Règle II. Lorsque la voyelle *u* se trouve placée entre un *g* et un *o*, comme dans *fatiguons*, *liguons*, etc., elle ne se prononce pas. Elle n'est ainsi placée que dans des verbes, et ne se trouve dans ces verbes que parce qu'elle est nécessaire pour conserver au *g* le son naturel dans les temps terminés en *er* : *fatiguer*, *je fatigue*, etc. Or, une fois introduite, on la garde même dans les temps où elle n'est plus d'aucune utilité.

Règle III. L'*u* placé entre un *g* et un *a* ne se prononce pas dans les verbes comme *fatiguant*, *léguant*; dans les autres mots il se prononce, mais avec le son *ou* : *guarisme*, *alguazil*, etc. Néanmoins l'*u* ne se prononce pas dans les noms propres : *Paraguai*, *Uraguai*.

Règle IV. L'*u* après la consonne *q*, ne se prononce pas; exemples : *qualité*, *quêter*, *quiconque*, *quotient*, etc.; d'où il suit que lorsqu'après un *q* il y a deux *u*, comme dans *quelqu'un*, le premier de ces *u* étant nul, le second seul se prononce.

La règle précédente a un assez grand nombre d'exceptions; nous allons donner les principales, en remarquant que, dans ces mots, l'*u* se prononce *ou* devant *a*, et garde sa prononciation naturelle devant toute autre voyelle.

Mots où l'*u* ne se prononce qu'après le *q* : *aquatile*, *aquatique*, *équateur*, *équation*, *équestre*, *équiangle*, *équidistant*, *équilatéral*, *équilatère*, *équimultiple*, *équitation*, *quadragénaire*, *quadragésimal*, *quadragésime*, *quadrangulaire*, *quadrat*, *quadrature*, terme d'astronomie (dans *quadrature*, terme d'horlogerie, l'*u* ne se prononce pas), *quadrifolium*, *quadrige*, *quadrilatère*, *quadrinôme*, *quadrupède*, *quadruple*, *quadrupler*, *quaker* (prononcez *couacre*), *quaterne*, *ques-*

teur, questure, à quia, quiétisme, quiétiste, quiétude, quindécagone, quindécemvir, quinquagésime, quinquagésimal, quinquennal, quinquerce, quinquérence, quintil, quintuple, quintupler, liquation, liquéfaction.

QUESTIONNAIRE.

De quel son se rapproche l'*o* aigu ? — De quel son se rapproche l'*o* grave ? — Comment prononce-t-on l'*o* dans toute syllabe finale où il n'est point suivi d'une consonne qui se prononce ? — Que faut-il penser de la distinction que quelques grammairiens établissent entre la prononciation du singulier et celle du pluriel : par exemple, entre celle de *mot* et celle de *mots* ? — Qu'y a-t-il à remarquer sur le mot où l'*o*, suivi d'un *t* final, porte un accent circonflexe, comme *entrepôt, tantôt* ? — Dans quels mots l'*o* est-il grave devant *d*... devant *l*... devant *m*... devant *n*...? — Comment se prononce l'*o* devant un *s* ayant le son du *z* ? — Dans quels mots l'*o* est-il grave devant *ss* ? — Dans quels mots l'*o* est-il grave devant *t* ? — Dans quels mots l'*o* est-il grave devant *tr* ? — Quelles difficultés présente la prononciation de la voyelle *u* ? — Après quelles consonnes l'*u* peut-il devenir nul, ou se prononcer *ou* ? — Comment l'*u* précédé d'un *g* et suivi d'un *e* ou d'un *i* ? — Quel est alors l'effet de cette voyelle ? — Quelles sont les exceptions à cette règle ? — Comment se prononce l'*u* placé entre un *g* et un *o* ? — Comment se prononce l'*u* placé entre un *g* et un *a* dans les verbes ? — Dans les autres mots ? — Cette dernière règle a-t-elle quelques exceptions ? — Quelle est la règle générale pour l'*u* placé après la consonne *q* ? — Que doit-on faire, d'après cela, lorsque la consonne *q* est suivie de deux *u* ? — N'y a-t-il pas, cependant, un assez grand nombre de mots où l'*u* se prononce après la consonne *q* ? — Comment se prononce l'*u* dans ces mots ?

XII

Combinaisons de voyelles.

Nous avons étudié jusqu'ici les lettres destinées à représenter des voix, c'est-à-dire les voyelles *a, e, i, y, o, u*. Mais souvent aussi on représente des voix simples au moyen de combinaisons de voyelles; ce sont ces combinaisons que nous allons étudier maintenant. Avant tout, nous ferons connaître deux signes qui tiennent en quelque sorte le milieu entre les voyelles proprement dites et les combinaisons de voyelles; ce sont les doubles lettres æ, œ. Excepté dans œil et dans les mots où œ est suivi d'un u, comme cœur, sœur, vœu, etc., ces doubles voyelles ne servent qu'à rappeler : la première, que le mot où elle se trouve vient d'un mot grec écrit par αι (ai), la seconde, que le mot où elle se trouve s'écrit en grec par οι (oi). Du reste, l'usage de ces doubles voyelles, autrefois très-fréquent dans notre langue, l'est beaucoup moins aujourd'hui. Mais ce ne sera qu'en traitant de l'orthographe que nous aurons à faire connaître les mots où on les a conservées; il nous suffit pour le moment d'établir la manière dont on doit les prononcer; or, la règle générale, c'est de leur donner exactement le même son qu'à l'é fermé. Cette règle n'a d'autres exceptions que les mots où œ se trouve suivi d'une voyelle, mots que nous avons déjà indiqués plus haut. Quant à la manière de prononcer ces mots, contentons-nous de dire que œil se prononce comme s'il était écrit euil, et que, dans tous les mots où œ est suivi d'un u, il produit exactement le même effet que la voyelle e. Ainsi les mots mœurs, vœu, sœur, cœur, se prononcent comme s'ils étaient écrits meurs, veu, seur, queur. Pour indiquer la prononciation du mot cœur, il a fallu remplacer par qu la consonne c, qui, devant e, n'aurait plus la même valeur que devant œ. En résumé, pour prononcer œ dans tous les mots qui font exception à la règle générale, il suffit de connaître la prononciation de la combinaison eu. Cette prononciation va être expliquée dans ce que nous avons à dire maintenant sur les diverses combinaisons de voyelles.

Les principales de ces combinaisons sont : ai, au, œu.

Ai représente en général l'è ouvert; exemples : faire, laisser, jamais, mai, etc. Mais, à la fin d'un verbe, cette combinaison représente l'*e* fermé ; exemples : *j'ai, j'achetai, je dirai*, etc. Enfin elle représente l'*e* muet dans *faisant, nous faisons*, etc., et en général dans toutes les personnes du verbe *faire* où elle est suivie d'une syllabe commençant par *s*. On prononce aussi de la même manière les mots *bienfaisant* et *bienfaisance*[1].

Ei et *ey* se prononcent comme *ai* : *seigneur, peine, bey*, etc.

Au représente toujours la voix *au* et le plus souvent la voix *au* grave ; cependant on lui donne le son aigu devant *r* : *aurore, Laure*, etc., et dans *Paul*.

Eu représente en général la voix *eu* grave ; exemples : *peu, jeu*, etc. On lui donne le son aigu : 1° devant la consonne *l*, soit que cette consonne ait la prononciation naturelle, soit qu'elle ait le son mouillé : *seul, seulement, feuille, seuil*, etc.[2] ; 2° devant *r* : *peur, heureux*, etc. ; 3° devant *f* et *v* : *neuf, neuve*, etc. Enfin 4° *eu* se prononce comme *u* dans tous les temps du verbe avoir : *j'eus, nous eûmes, que nous eussions*, etc.

Il en est de même dans le mot *gageure* ; prononcez *gajure*.

Au moyen de ce qui précède, nous pouvons compléter ce que nous avons dit touchant la prononciation de la double voyelle *œ*. Il suffira pour cela de dire que, dans *œil*, *œ* se prononce comme *eu* dans *seuil*, et que *œu* se prononce exactement d'après les règles données pour *eu*. Ainsi *œu* représentera la voix *eu* grave dans *vœu* et la voix *eu* aiguë dans *sœur, œuf*, etc.

Ou représente toujours la voix *ou*.

Les combinaisons que nous venons d'étudier, ont toutes une prononciation différente de celle des voyelles qui en font partie. Ainsi *ai* se prononce autrement

---

1. Bien des personnes écrivent ces mots avec *e* au lieu de *ai*, et il est probable que cet usage finira par prévaloir.
2. Dans ces mots l'*i* ne se prononce pas ; il ne fait que donner à *l* le son mouillé.

que *a* et que *i*; *ou*, autrement que *o* et que *u*, etc. Il nous reste maintenant à signaler quelques combinaisons dans lesquelles, l'une des voyelles étant absolument nulle, la combinaison tout entière a le son de l'autre voyelle. Ainsi :

1° *A* suivi de *o* est nul dans *Saône*, *août*, *taon* (insecte);

2° *O* précédé de *a* est nul dans *paon, paone, faon, Laon*;

3° *E* précédé de *a* est nul dans *Caen*;

4° *E* suivi de *o* est nul dans *geôle, geôlier, Georges*;

5° *E* est également nul lorsqu'il se trouve entre un *g* et un *a* ou un *o* dans un verbe qui, au présent de l'infinitif, se termine en *ger*. Il ne fait alors que conserver au *g* le son *j*. Ainsi *il mangea, il changeait, nous changeons*, se prononcent comme s'il y avait *il manja, il chanjait, nous chanjons*;

6° Il est encore nul devant *au*; ainsi *peau* se prononce comme *pau*.

En terminant ce qui regarde les combinaisons de voyelles, il est essentiel d'observer que, dans un très-grand nombre d'ouvrages, et spécialement dans tous ceux dont l'impression est un peu ancienne, un certain nombre de mots que nous écrivons aujourd'hui par *ai* se trouvent écrits par *oi*. Ce sont les imparfaits et les conditionnels des verbes comme : *j'aimais*, je *chanterais*, etc.; les verbes *paraître, connaître* et tous leurs composés ou dérivés; *faible* et ses composés et dérivés; enfin certains noms de peuples : *Français, Polonais*; etc. Dans l'ancienne orthographe, tous ces mots sont écrits par *oi* : *j'aimois*, je *chantois, paroître*, je *paroissois, François, Polonois*, etc. Mais ils doivent se prononcer comme s'ils étaient écrits par *ai*.

On nous demandera peut-être pourquoi nous avons omis certaines combinaisons de voyelles, entre autres la combinaison *oi*, qui se rencontre si souvent. Il nous suffira de faire observer que nous n'avons voulu parler ici que des combinaisons qui représentent des sons simples; or, *oi* représente un double son, une diphthongue. Nous traiterons prochainement de cette autre espèce de combinaisons.

QUESTIONNAIRE.

Qu'indiquent les doubles lettres *æ, œ*, suivies d'une consonne? — Quelle est alors leur prononciation? — Que remarque-t-on au sujet de l'emploi de ces doubles lettres dans l'orthographe actuelle? — Comment se prononce *œ* suivi d'une voyelle? — Quel son représente en général la combinaison *ai*? — Quelles sont les exceptions à cette règle? — Comment se prononce la combinaison *au*? — Cette combinaison ne représente-t-elle pas quelquefois l'*o* aigu? — Comment se prononcent les combinaisons *ei, ey*? — Comment se prononce en général la combinaison *eu*? — Dans quel cas cette combinaison a-t-elle le son aigu? — N'y a-t-il pas des mots où elle représente le son *u*? — Quel son représente la combinaison *ou*? — Comment se prononce la combinaison *ao* dans *Saône, août, taon*? — Comment se prononce cette même combinaison dans *paon, paone, faon, Laon*? — Comment se prononce *ae* dans *Caen* et *eo* dans *geôle, geôlier, Georges*? — Comment se prononce *ea, eo*, dans les verbes? — Quel est alors l'usage de l'*e*? — Comment se prononce la combinaison *eau*? — Que faut-il remarquer au sujet de certains mots écrits aujourd'hui par *ai*?

XIII

Des diphthongues.

Le mot de diphthongue, d'après son étymologie, signifie double son. On appelle en effet diphthongue l'ensemble de deux sons distincts l'un de l'autre, mais prononcés par une émission de voix appartenant à une même syllabe. Ainsi les mots *Dieu, loi, bien*, renferment chacun une diphthongue.

D'après cette définition, il est à peine nécessaire de faire observer que, dans bien des cas, deux voyelles réunies ne représentent nullement une diphthongue. Il existe, on l'a vu, un grand nombre de combinaisons de voyelles qui ne représentent que des sons simples, par exemple, les mots *feu*, *beau*, etc.

Le premier son dont se composent les diphthongues se prononce très-rapidement; on ne peut faire une tenue que sur le second, parce que la situation des organes qui forment ce second son a succédé rapidement à celle qui avait fait entendre le premier.

Il serait superflu de parcourir toutes les diphthongues de la langue française pour indiquer la prononciation de chacune d'elles. En effet, dans la plupart des cas, chacun des deux sons qui composent la diphthongue rentre tout à fait dans les règles ordinaires, et l'on n'a autre chose à faire que de passer rapidement sur le premier et d'appuyer sur le second, ainsi que nous venons de l'expliquer. Que l'on ait, par exemple, à prononcer les mots *fiacre*, *pied*, *oui*, *lieu*, etc.; les règles de la prononciation suffisent pour reconnaître à l'instant dans le premier une syllabe où se succèdent les sons *i* et *a*; dans le second, une syllabe formée des sons *i* et *e*; dans le troisième, une syllabe composée des sons *ou* et *i*, etc. La prononciation de ces syllabes ne présente évidemment aucune difficulté.

Les seules diphthongues qui exigent des règles particulières sont celles en *oi*, *eoi*, *oe*.

Oi représente une diphthongue composée des sons *ou* et *a*, ainsi *foi*, *loi*, *croire*, *croître* se prononcent *foua*, *loua*, *crouare*, *crouatre*. Parmi les mots en *oi*, il en est dans lesquels le son *a* qui termine la diphthongue est aigu; dans d'autres au contraire, ce son est grave. Mais nous ne devons point nous occuper ici de ces nuances presque insensibles. Quant aux différences que quelques grammairiens prétendent indiquer lorsqu'ils représentent la prononciation de la syllabe *oi* dans certains mots par les combinaisons *ouè*, *oè*, nous ne pouvons les regarder que comme des prononciations provinciales extrêmement défectueuses.

Nous ne répéterons pas ici ce que nous avons dit

au sujet de certains mots qui s'écrivaient naguère par *oi* et qui aujourd'hui s'écrivent par *ai*. Lorsqu'on trouve quelqu'un de ces mots, écrit d'après l'ancienne orthographe, il faut se rappeler que la syllabe *oi* n'y représente pas une diphthongue et qu'elle est simplement l'équivalent de *ai*.

Eoi se prononce exactement comme *oi*. La voyelle *e* n'a dans cette syllabe d'autre effet que de donner à la consonne *g*, qui précède, le son accidentel *je*, au lieu du son naturel *gue*; ainsi *mangeoire*, *villageois*, *bourgeois*, etc., se prononcent comme s'il y avait *manjoire*, *villajois*, *bourjois*.

Oe est aussi équivalent à *oi* dans le mot *moelle*, qui se prononce comme s'il était écrit *moile*. Il en est de même dans l'ancienne orthographe pour les mots *coëffe*, *boëte*; mais aujourd'hui ces mots s'écrivent par *oi* : *coiffe*, *boîte*. Dans les autres mots écrits par *oe*, comme *Noé*, *Noémi*, *Ivanhoé*, *poésie*, etc., les deux voyelles ne forment point de diphthongue, mais conservent chacune sa prononciation ordinaire. Il y a cependant trois mots sur lesquels on n'est pas bien d'accord; ce sont les mots *Noël*, *poëte*, *poëme*, que quelques personnes prononcent comme s'ils étaient écrits par *oi*, tandis que d'autres font entendre l'*o* et l'*é*. Cette dernière prononciation est la plus correcte. Mais, en prononçant ces mots, il faut passer très-vite de l'*o* à l'*e*, et éviter de faire un repos entre ces deux sons. Or, il est aisé d'observer que, lorsqu'on veut passer très-vite du son *o* au son *e*, les organes se disposent naturellement de manière à altérer le son *o* par un mélange du son *ou*. Aussi ne doit-on pas regarder l'autre prononciation que nous avons mentionnée comme très-défectueuse, pourvu que le son *ou* n'y soit pas trop fortement marqué.

Après ces explications, il nous suffira d'indiquer les principales diphthongues qui se trouvent dans notre langue, avec un exemple de chacune d'elles; nos lecteurs seront en état de les prononcer toutes sans la moindre difficulté. Pour plus de clarté, nous aurons soin, dans l'indication de chaque diphthongue, de séparer par un petit trait la voyelle ou les voyelles qui représentent le premier son de celles qui indiquent le second.

Diphthongues.	Exemples.
A-I..	*aih! aye!*
I-A..	*fiacre.*
I-É...	*pied.*
I-È...	*lumière.*
I-EU.	*Dieu.*
I-O...	*pioche.*
I-OU.	*chiourme.*
OU-A.	*loi, villageois, moelle, équateur*
OU-È.	*ouais.*
OU-I.	*oui.*
U-I...	*lui.*

QUESTIONNAIRE.

Que signifie, d'après son étymologie, le mot *diphthongue*? — Que désigne-t-on par ce mot? — Qu'appelle-t-on quelquefois diphthongues improprement dites? — Est-il convenable d'employer le mot diphthongue dans ce sens? — Que peut-on dire en général sur la manière de prononcer les diphthongues? — Est-il nécessaire d'indiquer par des règles particulières la prononciation des différentes diphthongues de la langue française? — Quelles sont celles qui en exigent? — Comment se prononce la diphthongue *oi*? — Que peut-on dire sur les nuances que présente la prononciation de cette diphthongue? — N'y avait-il pas dans notre ancienne orthographe des mots où la combinaison *oi* ne représentait pas une diphthongue? — Comment se prononce la combinaison *eoi*? — Comment se prononce *oe* dans *moelle*? — N'y avait-il pas, suivant notre ancienne orthographe, plusieurs mots qui se trouvaient dans le même cas? — comment prononce-t-on tous les autres mots qui s'écrivent par *oe*? — Que faut-il remarquer au sujet des mots *Noël, poëte, poëme*? — Donnez un exemple de la diphthongue *a-i*. — Faites de même pour les diphthongues *i-a, i-e, i-è, i-eu, i-o, i-ou, ou-a, ou-è, ou-i, u-i*.

XIV

Diphthongues nasales. — Articulations.

Il existe des diphthongues dans lesquelles la seconde voix est nasale; on en trouve des exemples dans les mots *dévotion, quotient, mien, loin.*

Pour ces diphthongues, comme pour les autres, le principe est qu'il faut prononcer chacune des deux voix suivant les règles ordinaires.

Il n'est besoin de règles particulières que pour les mots qui s'écartent du principe général, et ces mots se bornent à quelques-uns de ceux où se trouve la diphthongue *ien*. Cette diphthongue, qui, d'après les règles ordinaires, devrait se prononcer *i-an*, se prononce *i-èn* : 1° Dans tous les temps des verbes qui ont l'infinitif en *enir*, comme *tenir, venir,* etc. Ainsi dans *je viens, il tient,* la seconde syllabe de la diphthongue sera un *è* nasal, et non un *a* nasal; 2° dans tous les mots où le *n* de la diphthongue est final, par exemple dans *tien, mien, lien, chrétien,* etc., et dans les dérivés de ces mots, comme *miens, liens, chrétiens, chrétienté,* etc.; 3° dans quelques noms propres, comme *Amiens.* Dans les autres mots où le *n* de la diphthongue est suivi d'une consonne, l'*e* se prononce *a*, suivant la règle générale de l'*e* nasal.

Ces détails sur les diphthongues nasales terminent tout ce que nous avions à dire sur les sons ou les voix. Mais, comme nous l'avons déjà expliqué, le langage ne se compose pas seulement de sons; il est aussi formé d'articulations, par lesquelles les voix sont modifiées. C'est donc des articulations que nous avons à nous occuper maintenant.

QUESTIONNAIRE.

Combien d'espèces de diphthongues distingue-t-on? — Qu'est-ce qu'une diphthongue nasale?—Quelle est la règle générale pour la prononciation de ces sortes de diphthongues? — Quels sont les mots qui font exception? — Quelles règles faut-il suivre pour la prononciation de la diphthongue *ien*?

Qu'est-ce qu'une articulation?

XV

De la prononciation des consonnes.

Les articulations sont représentées dans la langue écrite par des lettres appelées *consonnes*. Ce nom signifie *sonnant avec*[1]. En effet, les lettres dont on parle sont toujours jointes à celles qui représentent les voix, c'est-à-dire aux voyelles. Les consonnes employées en français sont *b, c, d, f, g, h, j, k, l, m, n, p, q, r, s, t, v, x, z*. On emploie aussi pour représenter les articulations quelques combinaisons de consonnes, *ch, ph, gn*, etc. Commençons par nous occuper des consonnes simples, que nous allons passer en revue l'une après l'autre, en laissant de côté, pour le moment, deux points importants, que nous examinerons un peu plus tard, savoir : la prononciation des consonnes redoublées et celle des consonnes finales.

B. Cette consonne représente toujours l'articulation *be*.

C. Cette consonne, suivant la place qu'elle occupe, représente les articulations *que, se, gue*.

1° Elle représente l'articulation *que* devant *a, o, u,* et devant une consonne. Exemples : *cacophonie, cure, clef, cri*.

Cependant, lorsque la consonne *c* porte une cédille (ç), elle représente l'articulation *se* devant *a, o, u*. Exemples : *ça, façon, reçu*.

2° *c* représente l'articulation *se* devant *e, i, y*. Exemples : *ceci, Saint-Cyr*.

3° *c* représente l'articulation *gue* dans *second* et ses

---

[1] Du mot latin *cum*, qui veut dire *avec*.

dérivés : *secondement, seconder,* etc. Quelques personnes le prononcent de même dans *secret, secrétaire,* mais cette prononciation est contraire au bon usage.

D, F. Rien de particulier sur la prononciation de ces consonnes.

G. Cette consonne représente les articulations *gue, je.*

1° *g* se prononce *gue* devant *a, o, u* et devant une consonne. Exemples : *Gap, Godefroy, figure, glace, grêle.*

Pour donner au *g* le son *je* devant *a, o, u,* on le fait suivre d'un *e* qui est alors absolument muet. Exemples : *mangeant, changeons, gageure.*

2° *g* se prononce *je* devant *e, i, y.* Exemples : *génie, gibier, gymnastique.*

Pour conserver au *g* le son *gue* devant un *e* ou un *i,* on place après le *g* un *u,* qui, dans le plus grand nombre de cas, est absolument muet.

3° *g* est muet dans les mots *doigt* et ses dérivés, *legs, vingt* et ses dérivés.

La prononciation du *j* ne donne lieu à aucune difficulté. Cette lettre sonne toujours comme dans *jour, jupon.*

H. Il n'en est pas de même du *h.* Cette consonne, dans certains cas, est un signe purement orthographique, sans aucune valeur quant à la prononciation ; on dit alors qu'elle est *muette.* Ainsi les mots *homme, heure, bonheur,* etc., se prononcent exactement comme si le *h* n'y était pas.

Dans d'autres mots, au contraire, le *h* est dit aspiré, et alors, bien qu'il ne se prononce point, il produit, par rapport à la prononciation des lettres qui le précèdent ou le suivent, absolument le même effet que produirait une consonne. Quelques exemples le feront comprendre.

Soient les substantifs *être* et *hêtre* (arbre) ; ces deux mots, isolés, se prononcent absolument de la même manière, sans que le *h* aspiré qui précède le second se fasse sentir en aucune sorte. Bien des personnes, il est vrai, produisent, en prononçant les mots précédés d'un *h* aspiré, un son guttural, une aspiration plus ou moins forte ; on trouve même cette manière de prononcer indiquée dans quelques grammaires ; mais elle n'en est pas moins fautive et absolument contraire au bon usage. Mais, comme nous l'avons dit, bien que le *h* aspiré ne se prononce en aucune sorte, il joue cependant, par rapport aux lettres qui le précèdent ou le suivent, le rôle d'une consonne, et voici comment.

On sait que certains monosyllabes, entre autres l'article *le*, la préposition *de*, etc., perdent l'*e* muet devant les mots qui commencent par une voyelle ; ils le perdent également devant les mots qui commencent par un *h* muet ; mais si le mot commence par un *h* aspiré, ils le conservent comme si le mot commençait par une consonne. Ainsi, l'on écrira, sans *e* muet : *l'être*, *l'homme*, et avec l'*e* muet : *le hêtre*, *le houx*. Et cet *e* muet que l'on conserve dans l'orthographe fait que la prononciation est fort différente ; car, dans *le hêtre*, on fait entendre une syllabe de plus que dans *l'être*.

Il y a, à la vérité, beaucoup de mots terminés par un *e* muet qui ne perdent point cet *e* devant une voyelle ou un *h* muet ; mais cet *e* n'existe que dans l'orthographe et ne se fait nullement sentir dans la prononciation. Ainsi *aimable enfant*, *habile homme*, se prononcent comme si l'on écrivait, en élidant l'*e*, *aimabl'enfant*, *habil'homme*. Mais, si le mot commence par un *h* aspiré, l'*e* ne s'élide point ; au contraire, il se prononce distinctement ; exemples : *noble hardiesse*, *admirable héros*, etc.

La présence d'un *h* aspiré se fait encore sentir dans la prononciation quand le mot qui précède est suivi d'une consonne. Si cette consonne est de celles qui se prononcent toujours, on a soin de faire un petit repos avant de prononcer un mot commençant par un *h* aspiré. Ainsi, tandis que l'on prononce sans aucun repos, et comme formant un seul mot, les mots *seul homme*, *seul ami*, etc., on sépare par un petit repos les mots *immortel héros*, *cruel hasard*, etc., etc. Que si la consonne finale est de celles qui se prononcent devant une voyelle et sont muettes devant une consonne, l'effet du *h* aspiré sera encore plus sensible, car devant un mot commençant par un *h* aspiré la consonne en question sera muette comme devant une consonne. Ainsi, par exemple, le *x* final du mot *heureux* se prononce, avec la valeur du *z*, devant une voyelle ou un *h* muet, par exemple, dans *heureux homme*, *heureux enfant*; tandis que, devant une consonne, comme dans *heureux père*, il ne se prononce en aucune sorte; devant un *h* aspiré, comme dans *heureux hasard*, il est également muet.

Après ces règles sur la prononciation du *h*, il s'agit de faire connaître les mots où le *h* est muet et ceux où il est aspiré. Ces derniers étant en bien plus petit nombre que les autres, nous allons en donner une liste; le *h* sera généralement muet dans les mots que cette liste ne contiendra pas.

LISTE DES MOTS OU LE *H* EST ASPIRÉ.

HA, interjection.
HABLER et ses dérivés.
HACHE et ses dérivés.
HACHURE, terme de dessin.
HAGARD.
HAIE.
HAILLON.
HAÏR, HAINE et leurs dérivés.
HAIRE, vêtement de pénitence.
HALAGE, action de tirer un bateau.
HALE, effet du soleil sur le teint, avec les dérivés de ce mot.

HALETER et ses dérivés.
HALLALI, terme de chasse.
HALLE, place où se tient un marché.
HALLEBARDE.
HALLIER, buisson épais.
HALTE.
HAMAC, espèce de lit suspendu.
HAMEAU.
HAMPE, bois d'une hallebarde.
HANCHE, partie du corps [1].
HANGAR.
HANNETON.

---

1. Ne pas confondre ce mot avec *anche*, partie de certain instrument à vent.

HANSE [1], société de commerce entre plusieurs villes d'Allemagne.
HANSÉATIQUE, qui a rapport à la *hanse*.
HANTER, fréquenter.
HAPPER, saisir, terme familier et peu usité.
HARANGUE et ses dérivés.
HARAS.
HARASSER.
HARCELER.
HARDES.
HARDI et ses dérivés.
HAREM, appartement des femmes en Orient.
HARENG et ses dérivés.
HARGNEUX.
HARICOT.
HARNOIS ou HARNAIS et tous ses dérivés.
HARO.
HARPAGON.
HARPE.
HARPIE.
HARPIN, de batelier.
HARPON, espèce de dard.
HASARD et ses dérivés.
HAUBERT, sorte de cuirasse.
HAUSSE-COL.
HAUSSER et ses dérivés et composés.
HAUT et ses dérivés et composés.
HAVE, pâle, défiguré.
HAVRE, terme de géographie.

HAVRE-SAC.
HÉ!
HÊLER, terme de marine.
HEM!
HENNIR [2] et ses dérivés; mot employé pour désigner le cri du cheval.
HENRI [3].
HENRIADE.
HÉRAUT, officier d'un prince.
HÈRE, terme de mépris.
HÉRISSER et ses dérivés.
HERNIE, sorte d'infirmité, et ses dérivés.
HÉRON.
HÉROS [4].
HERSE.
HÊTRE.
HEURTER et ses dérivés.
HIBOU.
HIDEUX et ses dérivés.
HIÉRARCHIE et ses dérivés.
HIE, outil de paveur.
HISSER.
HOBEREAU.
HOCHER, secouer, remuer, et ses dérivés.
HOCHET.
HOLLANDE et ses dérivés.
HOLA!
HOMARD, écrevisse de mer.
HONGRE.
HONNIR, bafouer, et ses dérivés.
HONTE et ses dérivés.
HORDE, peuplade errante.
HORION, coup sur la tête, etc.

1. Ne pas confondre ce mot avec l'*anse* d'un vase, ou avec *anse*, terme de géographie.
2. Dans ce mot et ses dérivés, *e* se prononce *a*.
3. Le *h* de ce mot s'aspire dans le discours soutenu; mais, en général, il ne s'aspire pas dans la conversation. Il ne s'aspire jamais dans *Henriette*.
4. Le *h* s'aspire dans *héros*, mais il ne s'aspire pas dans *héroïsme*, ni dans *héroïne*.

Hors et ses composés.
Hotte [1], espèce de panier.
Hottentot.
Houblon.
Houe.
Houille.
Houle, terme de marine, et ses dérivés.
Houlette.
Houppelande.
Houri.
Houspiller.
Housard, houssard, hussard.
Housse.
Houssine.
Houx, arbuste.
Hoyau, sorte de houe.
Huche, grand coffre.
Huer et ses dérivés.
Huguenot.
Huit et ses dérivés.
Humer.
Hune, terme de marine, et ses dérivés.
Huppe et ses dérivés.
Hure, tête de sanglier.
Hurler et ses dérivés.
Hutte et ses dérivés.

Nous avons omis dans cette liste un certain nombre de mots très-peu usités.

L représente toujours l'articulation *le*. Il ne prend le son mouillé qu'à la fin des mots ou dans la combinaison *ille*; ces deux cas seront examinés plus tard. Contentons-nous de dire ici qu'il prend le son mouillé dans *gentilhomme* et ses dérivés.

M, N. Ces consonnes ont leur prononciation naturelle, à moins qu'elles ne fassent partie d'une syllabe nasale.

P. Cette consonne est muette dans *dompter*, *baptême*, *baptiser*, *Baptiste*, *exempt*, *prompt*, et ses dérivés, *compte* et ses dérivés, *sept*. Le *p* se prononce dans *indomptable*, *baptismal*, *exemption*, etc.

Q, R. Ces deux consonnes ne donnent lieu à aucune observation particulière.

S prend le son *ze* : 1° entre deux voyelles. Exemples : *Asie*, *case*, etc. On excepte les mots composés dans lesquels la lettre qui précède *s* termine le premier des mots composants. Exemples : *préséance*, *bienséance*, *vraisemblable*.

2° Devant *b* et *d*. Exemple : *presbytère*, *Asdrubal*, etc.

---

1. Ne pas confondre ce mot avec *hôte*.

3° Dans *Alsace, balsamine, transiger* et ses dérivés.

T. Cette consonne, devant un *i* suivi d'une autre voyelle, se prononce ordinairement *se*. Cette règle présente de nombreuses exceptions; voici sur ce point les règles les plus importantes.

1° Le *t* garde sa valeur naturelle toutes les fois qu'il est précédé d'un *s* ou d'un *x*; exemples : *question, mixtion*, etc.

2° Il conserve aussi sa valeur propre lorsque l'*i* qui suit le *t* est lui-même suivi d'un *e*; exemples : *châtier, il châtie, portier, chrétien, tien, Étienne*, etc. Il faut excepter de cette règle : 1° les noms d'hommes ou de peuples en *ien* : *Gratien, Vénitien*, etc.; 2° les substantifs en *ie* : *argutie, inertie*, etc.; 3° les verbes en *itier, utier* : exemples : *balbutier, initier*, etc.

3° Enfin *t* conserve sa valeur naturelle dans les verbes, autres que ceux en *itier*, exemples : *nous portions, nous chantions*, etc.

V représente toujours l'articulation *ve*.

X représente la double articulation *cse*, excepté :

1° Après un *e* initial. Exemples : *examen, exact*, etc. On le prononce alors *gz*.

2° On le prononce de la même manière dans *Xavier*.

3° On le prononce *se* dans *Bruxelles, Auxerre soixante*.

4° On le prononce *ze* dans les adjectifs numéraux, comme *deuxième, sixième*.

5° Il est muet dans *excellent* et ses dérivés.

Z représente toujours l'articulation *ze*.

QUESTIONNAIRE.

Comment appelle-t-on les lettres employées pour représenter les articulations? — D'où vient le mot consonne? — Comment se prononce la consonne *b*? — Quelles articulations représente la consonne *c*? — Dans quel cas le *c* se prononce-t-il *que*? — Quel est l'effet de la cédille placée sous le *c*? — Dans quel cas le *c* se prononce-t-il *se*? — Dans quel cas le *c* se prononce-t-il *gue*? — Comment se prononcent les consonnes *d, f*? — Dans quel cas la consonne *g* se prononce-t-elle *gue*? — Comment fait-on pour donner au *g* le son de *je* devant *a, o, u*? — Dans quel cas le *g* se prononce-t-il *je*? — Comment fait-on pour donner au *g* le son de *gue* devant *e, i*? — Dans quel mot *g* est-il muet? — Comment se prononce la consonne *j*? — La consonne *h* a-t-elle toujours la même valeur? — Quelle valeur a le *h* muet? — Quelle valeur a le *h* aspiré? — Comment le *h* aspiré peut-il, sans qu'on le prononce en aucune sorte, influer cependant sur la prononciation? — Examiner les cas où le mot qui précède le *h* aspiré est terminé par *e* muet qui se supprime devant une voyelle, ou d'un *e* muet qui ne se supprime pas; ou d'une consonne, qui se prononce devant une autre consonne, ou d'une consonne qui ne se prononce que devant un mot commençant par une voyelle ou un *h* muet. — Qu'y a-t-il à remarquer sur la prononciation de la consonne *l*? — Qu'y a-t-il à remarquer sur les consonnes *m, n*? — Dans quels mots la consonne *p* est-elle muette? — Comment se prononcent *q* et *r*? — Dans quel cas la consonne *s* se prononce-t-elle *ze*? — Dans quel cas *t* se prononce-t-il *se*? — Comment se prononce la consonne *v*? — Dans quel cas *x* se prononce-t-il *gz*? — Dans quel cas *x* se prononce-t-il *se*? — Dans quel cas *x* se prononce-t-il *ze*? — Dans quels mots *x* est-il muet? — Comment se prononce la consonne *z*?

Nota. — On pourra présenter aux élèves des mots commençant par un *h*; ils auront à dire si ce *h* est muet ou aspiré.

XVI

Des consonnes composées.

Nous appelons consonnes composées les assemblages de deux ou plusieurs lettres qui représentent une seule articulation, comme *ch, gn, ph*, etc. Nous allons examiner ces différentes consonnes l'une après l'autre.

CH. Cette consonne composée représente une articulation particulière, dont on trouve deux exemples dans le mot *chercher*. Néanmoins, dans quelques mots d'origine étrangère, elle représente l'articulation *k*; voici les plus usités de ces mots : *Achab, Achas, anachorète, archange, Anacharsis, archiépiscopal, archiépiscopat* [1], *Archonte, Chanaan, chaos, catéchumène, chœur, choriste, chorus, chiromancie, Chersonèse, Chaldée, Chaldéen, Chéronée, écho, Eucharis, Eucharistie, lichen, loch, Melchisédec, Michel-Ange, Machabée, Nabuchodonosor, technique* et tous ses composés, *orchestre*, etc. Nous devons ajouter tous les mots où *ch* est précédé d'un autre *c*, comme *Bacchus, bacchante*, etc.

GN. Cette consonne composée représente l'articulation qui se trouve dans le mot *agneau*; mais on prononce séparément le *g* avec le son naturel *gue*, et le *n* avec le son ordinaire, dans un certain nombre de mots dont voici les principaux : *Agnus, agnat, diagnostic, igné, ignition, inexpugnable, Progné, regnicole, stagnant, stagnation*, etc.

ILL et IL à la fin d'un mot. Ces consonnes composées représentent l'articulation qui se trouve dans les mots *orgueil, feuille*, articulation désignée vulgairement par la dénomination de *l* mouillé. A cette occasion nous remarquerons que l'*i* qui précède le *l*, servant avec cette consonne à représenter l'articulation dont nous parlons, ne se prononce en aucune sorte, à moins qu'il n'y ait pas d'autre voyelle avant cet *i*; car dans ce cas l'*i* sert à représenter le *l* mouillé, et de plus il se prononce afin que l'articulation soit précédée d'un son, ce qui, comme on sait, est absolument indispensable. Prenons pour exemple ces trois mots : *orgueil, bataille, famille*. Dans le 1er et dans le 2e, l'*i*, étant précédé d'une autre voyelle, ne se prononce en aucune manière; il ne fait que donner au *l* ou au double *l* qui suit, le son mouillé; au contraire, dans le 3e, l'*i*, n'étant point précédé d'une au-

---

1. *Ch* se prononce de la manière ordinaire dans *archevêque, archevêché*.

tre voyelle, se prononce de la manière ordinaire, et en même temps il donne au *l* qui suit le son mouillé.

Du reste, *il* final ne représente pas toujours le *l* mouillé. Il a cette valeur : 1° Toutes les fois que l'*i* est précédé d'une autre voyelle, comme dans *mail, cercueil, sommeil,* etc.; il faut excepter le mot *poil* et ses dérivés ou composés ; 2° dans quelques mots où l'*i* est précédé d'une consonne, comme *avril, mil,* etc.

Dans les autres mots terminés par la syllabe *il* précédée d'une consonne, le *l* est quelquefois muet, comme dans *baril, fusil,* etc., et d'autres fois il se prononce avec sa valeur ordinaire, comme dans *il, fil,* etc.

Quant à la syllabe *ill*, elle représente le *l* mouillé, toutes les fois qu'elle est précédée d'une voyelle, comme dans *feuille, fouiller, paille, bouteille,* etc. Lorsqu'elle est précédée d'une consonne, la règle générale est aussi de lui donner la valeur du *l* mouillé ; mais il y a quelques exceptions, voici les principales : *Achille, armillaire, distiller* et ses dérivés, *codicille, capillaire, mille* et ses dérivés, *Lille, pupille, scintiller* et ses dérivés, *sibylle* et ses dérivés, *tranquille* et ses dérivés, *ville* et ses dérivés. Il faut excepter aussi la syllabe *ill* au commencement d'un mot, comme dans : *illusion, illustre, illimité,* etc.

PH. Cette consonne composée représente toujours l'articulation *f*. Exemples : *philosophe, phosphore,* etc.

QUESTIONNAIRE.

Qu'appelle-t-on consonnes composées ? — Comment se prononce la consonne composée *ch* ? — *Ch* ne représente-t-il pas quelquefois une autre articulation ? — Dans quel cas a-t-il cette seconde valeur ? — Que représente l'articulation *gn* ? — Ne prononce-t-on pas quelquefois ces lettres d'une autre manière ? — Que représentent *il* et *ill* finales d'un mot ? — Comment appelle-t-on l'articulation que représentent ordinairement ces consonnes composées ? — Qu'y a-t-il à remarquer dans l'*i* qui fait partie de la consonne composée représentant un *l* mouillé? — Dans quel cas *il* final représente-t-il le *l* mouillé? — Comment prononce-t-on le *l* de la syllabe *il* finale, lorsque cette syllabe ne représente pas le *l* mouillé? — Dans quel cas *ill* représente-t-il le *l* mouillé?

GRAMMAIRE FRANÇAISE.

Différentes espèces de mots.

La grammaire est l'ensemble des règles qu'il faut observer pour parler et pour écrire correctement.

On parle et l'on écrit au moyen de mots; tout ensemble de mots présentant un sens complet forme ce qu'on appelle une *phrase*.

Pour peu que l'on observe une phrase quelconque, il sera aisé de reconnaître que tous les mots qui la composent sont loin d'être de même nature, de même espèce; soit, par exemple, la phrase suivante :

L'univers entier célèbre hautement la gloire de l'être infini qui l'a créé; mais, hélas! l'homme ingrat, oubliant un devoir sacré, refuse trop souvent d'offrir à ce grand Dieu l'hommage de sa reconnaissance et de son amour.

Si nous examinons attentivement chacun des mots de cette phrase, nous en trouverons qui, évidemment, sont d'une nature essentiellement différente. D'autres peuvent être considérés, au contraire, comme ayant entre eux une grande analogie.

Le mot *univers*, par exemple, diffère du mot *le*, qui le précède, et du mot *entier* qui le suit; il diffère encore plus des mots *célèbre* et *hautement*, qui viennent ensuite; mais il peut être considéré comme de même nature que le mot *gloire*; car l'un et l'autre représentent, indiquent, nomment une chose. Les mots *être, homme, Dieu*, indiquent, non pas une chose, mais une personne ; ils ont, du reste, avec les mots *univers* et *gloire*, cela de commun, que chacun d'eux nomme aussi un objet. On peut, en conséquence, les regarder comme étant tous de même espèce ; c'est ce qu'ont fait les grammairiens, et, comme le caractère qui distingue ces mots et qui leur est commun à tous consiste surtout dans la propriété qu'ils ont de servir à nommer des objets, on les appelle *noms*. On les appelle aussi substantifs parce qu'ils représentent des êtres qui subsistent dans la nature ou une chose qui est l'objet de notre pensée. Parmi les substantifs il en est qui conviennent à tous les individus de même nature, comme les mots *ville, homme* ; il en est d'autres, au contraire, qui ne conviennent qu'à tels ou tels individus à qui l'on est convenu d'appliquer ces noms ; comme, par exemple, les mots *Pierre, Paul, Paris, Londres*. Les premiers sont appelés noms communs, et les autres, noms propres.

Nous remarquerons maintenant dans la phrase en question divers mots qui ont tous ceci de commun, qu'ils sont joints à des substantifs. Tels sont les mots *le* et *entier*, qui se trouvent joints au mot *univers* ; *la*, qui est joint au mot *gloire* ; *infini*, qui accompagne le mot *être* ; *ingrat*, qui accompagne le mot *homme* ; *un* et *sacré* qui sont joints au mot *devoir* ; *ce* et *grand*, qui sont joints au mot *Dieu*, etc. Tous ces mots pourraient être appelés adjectifs, sauf à être ensuite divisés en deux classes, celle des adjectifs déterminatifs, qui servent à déterminer, parmi les différents individus auxquels un nom peut convenir, ceux auxquels on prétend l'appliquer, et celle des adjectifs qualificatifs, dont la dénomination indique assez l'usage.

Ainsi, lorsque nous disons *un devoir sacré, ce grand Dieu*, les mots *un, ce*, sont des adjectifs déterminatifs, et les mots *sacré, grand*, des adjectifs qualificatifs. Quant à la définition générale de l'adjectif, on pourrait la donner ainsi : l'adjectif est un mot que l'on joint au substantif pour en déterminer la signification ou pour exprimer les qualités de l'objet qu'il représente.

Parmi les mots qui, d'après cette définition, pourraient absolument être mis au nombre des adjectifs déterminatifs, il en est un dont on a fait un mot à part sous le nom d'*article ;* c'est le mot *le,* qui, au féminin, fait *la,* et au pluriel *les*. La fonction de ce mot est de précéder les substantifs communs pour annoncer qu'ils sont pris dans un sens déterminé.

Après avoir étudié les noms et les mots qui les accompagnent, il se présente à nous d'autres mots qui remplacent les noms ; tel est le mot *le,* par suite d'une élision, *l'* dans ces mots *qui l'a créé ;* ici *le* remplace évidemment le mot *univers*. Dans ce même membre de phrase, *qui* remplace le mot *être*. Ces mots qui remplacent des noms pour en rappeler l'idée et en éviter la répétition, sont ce qu'on appelle des *pronoms*.

Continuant l'examen de la phrase que nous avons prise pour exemple, nous arrivons au mot *célèbre,* qui sert à affirmer aussi bien que le mot *a* et le mot *refuse*. Ces trois mots sont ce qu'on appelle des *verbes*. Le verbe a cela de particulier qu'il prend un grand nombre de formes différentes, au moyen desquelles il exprime différentes circonstances de temps, de nombre, de personne, etc. Ainsi on dit *je refuse, il refuse, nous refusons, vous refusez,* etc.

Le mot *créé,* que nous trouvons dans la phrase qui nous occupe, est évidemment une des formes du verbe *je crée ;* pareillement le mot *oubliant* est une des formes du verbe *j'oublie*. Mais, d'un autre côté, ces mots peuvent se joindre à des substantifs et jouer dans cette position le rôle d'adjectifs. A cause de ce double rôle, de cette double nature qui fait qu'ils tiennent à la fois du verbe et de l'adjectif, on a donné à ces mots le nom de *participes*.

Nous trouvons ensuite le mot *hautement,* qui exprime une circonstance de l'action indiquée par le verbe *célèbre;* de même, le mot *souvent* exprime une circonstance de l'action indiquée par le verbe *refuse.* Ces mots sont ce qu'on appelle des *adverbes,* dénomination tirée de ce qu'ils sont ordinairement joints à des verbes; mais on trouve aussi des adverbes joints à des adjectifs et même à d'autres adverbes. Ainsi, dans ces trois phrases : *Je l'aime extrêmement.* — *Il est extrêmement agréable.* — *Il chante extrêmement bien,* nous trouvons l'adverbe *extrêmement* joint d'abord au verbe *aimer,* puis à l'adjectif *agréable,* puis enfin à l'adverbe *bien.*

En poussant plus loin l'examen de la phrase en question, nous trouvons des mots qui ne servent qu'à indiquer le rapport de deux mots entre eux. Ainsi, dans ces mots *la gloire de l'être infini... de* sert à indiquer le rapport qui existe entre *gloire* et *être.* Plus bas, ce même mot *de* indique un rapport entre le verbe *refuse* et le verbe *offrir.* De même *à* sert à mettre en rapport le verbe *offrir* et le substantif *Dieu.* Tous ces mots, employés à exprimer les rapports qui existent entre d'autres mots, s'appellent des *prépositions.*

Il nous reste encore dans la phrase ci-dessus trois mots qui ne peuvent entrer dans aucune des classes que nous venons d'énumérer et de définir ; ce sont les mots *mais, hélas, et.* Le premier et le dernier servent à lier entre eux les membres d'une phrase ; on les appelle des *conjonctions.* Le second est de ceux qui servent à exprimer les affections vives et subites de l'âme ; ces mots s'appellent *interjections.*

En résumé, nous avons trouvé dans la phrase que nous venons d'étudier dix espèces de mots : le substantif, l'article, l'adjectif, le pronom, le verbe, le participe, l'adverbe, la préposition, la conjonction et l'interjection.

Puisque ce sont là les éléments dont se compose le langage, la grammaire doit consister à les étudier sous tous les points de vue. Or, ces points de vue se réduisent à deux, savoir : étudier d'abord chaque mot isolément, puis voir la manière dont ces mots se réunissent et s'assemblent. C'est ce que nous allons faire successivement.

QUESTIONNAIRE.

Quel est le but de la grammaire? — De quoi se compose le langage? — Qu'appelle-t-on une phrase? — Tous les mots d'une phrase sont-ils de même espèce? — Qu'appelle-t-on substantif? — N'y a-t-il pas deux espèces de substantifs? — Qu'appelle-t-on adjectif en général? — Qu'est-ce que l'adjectif qualificatif? Qu'est-ce que l'adjectif déterminatif? — Qu'appelle-t-on article? — Qu'est-ce que le pronom? — Qu'est-ce que le verbe? — Qu'a de particulier le verbe? — Qu'est-ce que le participe? — Qu'est-ce que l'adverbe? — Qu'est-ce que la préposition? — Qu'est-ce que la conjonction? — Qu'est-ce que l'interjection? — De quoi la grammaire doit-elle nécessairement s'occuper? — Sous quel point de vue doit-elle étudier chaque espèce de mots?

CHAPITRE PREMIER

DU SUBSTANTIF.

Nous avons dit que le *nom* ou *substantif* est un mot qui sert à nommer une personne ou une chose. Pour faire connaître d'une manière plus parfaite et plus complète la nature du substantif, il sera utile d'entrer dans quelques développements.

L'objet de notre pensée étant toujours une personne ou une chose, il faut, lorsque nous voulons communiquer cette pensée par le moyen de la parole, que nous fassions connaître cette personne ou cette chose. Si elle était présente à nos yeux et à ceux des personnes à qui nous parlons, il suffirait de la montrer. Mais, si l'objet n'est pas présent, ou s'il est de nature à ne pouvoir être montré aux yeux, on est obligé de recourir à son nom. Supposons, par exemple, que, tandis qu'un instituteur est dans sa classe, avec ses élèves, un homme entre et lui remette une lettre ; l'idée d'un homme et celle d'une lettre seront aussitôt présentes à tous les esprits. Or, si, quelques instants auparavant, l'instituteur, apercevant par la fenêtre le commissionnaire en question, eût dit à ses élèves : *Je vois venir un homme qui m'apporte une lettre*, les idées d'homme et de lettre auraient été réveillées par les noms de ces objets d'une manière aussi nette, aussi déterminée que par la vue de ces objets eux-mêmes. Ainsi le nom représente un être, un objet quelconque, le rend présent à la pensée. On l'appelle substantif, parce qu'il a une valeur et un sens par lui-même, tandis qu'il est des mots qui n'ont de valeur qu'autant qu'ils sont joints à d'autres.

Nous avons déjà indiqué la distinction entre les noms propres et les noms communs ou appellatifs ; il existe encore entre les noms d'autres distinctions que nous allons faire connaître. Un nom peut représenter des objets matériels et sensibles, comme *pierre, arbre, cheval* ; ou bien des objets immatériels et insensibles, comme *Dieu, esprit, âme* ; il peut même représenter des objets qui n'existent point dans la réalité, qui ne sont que des qualités, des manières d'être, des états d'autres objets ; tels sont les mots *vertu, vice, douleur, couleur*, etc. Il est bien évident que les objets que ces noms représentent n'existent point par eux-mêmes ; pour leur supposer cette existence, on les sépare des êtres dont ils sont les propriétés, au moyen d'une opération de l'esprit appelée abstraction ; voilà pourquoi ils s'appellent eux-mêmes noms *abstraits*.

On distingue encore des noms qui présentent à l'esprit l'idée d'une réunion d'individus ; tels sont les mots *peuple, armée, foule*, etc. Ces noms sont appelés collectifs. Parmi les noms collectifs, il en est qui indiquent le nombre d'individus que renferme la collection qu'ils représentent; tels sont les mots *une douzaine*, *une centaine*, *un million*, etc. Ces noms sont appelés noms de nombre ; il ne faut pas les confondre avec ce que nous appellerons plus tard adjectifs numéraux, comme deux, quatre, neuf, etc. Aux noms de nombre, nous ajouterons tous ceux qui indiquent une quantité déterminée, comme *la moitié*, *le tiers*, *le double*, *le triple*, etc. Nous joindrons même à ces noms un certain nombre de mots dont on a peine à se rendre compte et qui, étant le plus souvent adverbes, prépositions, etc., sont quelquefois employés comme de vrais substantifs. Nous allons faire connaître ces mots en les présentant dans des phrases où ils ont la valeur des substantifs ; vis-à-vis de chaque phrase nous mettrons le substantif auquel équivaut le mot en question ; quant au mot lui-même, nous le désignerons au moyen de lettres *italiques*.

Exemples.	Valeur des mots ci-contre.
Il a *beaucoup* d'amis.	Un grand nombre.
Il dépense *bien* de l'argent.	Une grande quantité.
Il a fait cela en *peu* de temps.	Un petit espace.
Il a *peu* d'esprit.	Une faible dose.
Il a *assez* d'esprit.	Une dose suffisante.
Il a *trop* de prudence.	Une quantité excessive.
Il a *tant* de vertu.	Une si grande quantité.
Il faut mettre *plus* d'eau.	Une quantité plus grande.
Le *moins* qu'il puisse faire.	La chose moindre.
Combien a coûté cela ?	Quel prix.
Par *où* passerez-vous ?	Par quel lieu.
Depuis *quand* t'es-tu corrigé ?	Depuis quel temps.
Pour *quand* me promettez-vous cela ?	Pour quel moment.
Le *dessus* est plus beau que le *dessous*.	{ La partie supérieure. { La partie inférieure.

On doit aussi ranger parmi les noms certains mots indéfinis que l'on classe ordinairement parmi les pronoms. Nous verrons, en parlant des pronoms, dans quels cas les mots indéfinis dont nous parlons peuvent être rangés parmi les pronoms. Ces mots sont les suivants :

Chacun qui signifie	*Chaque personne.*
Quiconque............	*Toute personne qui.*
On.................	*Une personne quelconque.*
Personne............	*Aucune personne.*
Rien...............	*Aucune chose.*
Je sais à *quoi* vous pensez..	*A quelle chose.*
Je sais à *qui* vous écrivez..	*A quelle personne.*

Et un grand nombre d'autres de même espèce.

Terminons cette énumération des différentes espèces de noms en indiquant les mots composés, comme *avant-coureur* (composé d'une préposition et d'un substantif), *chef-d'œuvre* (composé de deux substantifs unis par une préposition), *serre-tête* (composé d'un verbe et d'un substantif), etc.

Après avoir appris à reconnaître les substantifs, occupons-nous de deux particularités importantes que présentent ces mots, nous voulons parler du genre et du nombre.

Section I. — Du genre.

La distinction des sexes ayant été établie parmi les êtres animés, il a fallu que les noms qui représentent ces êtres indiquassent le sexe de l'individu dont on parle ; de là les deux genres dans les noms.

Quant aux objets parmi lesquels la distinction des sexes n'existe pas, ils devraient naturellement n'être ni du genre masculin, ni du genre féminin ; plusieurs langues ont, pour les noms de ces objets, le genre neutre, ainsi nommé du mot latin *neuter*, qui signifie *ni l'un ni l'autre*. On pourrait aussi employer le genre neutre, ou mieux un autre genre que les grammairiens appellent commun, pour les êtres qui ont, à la vérité, la distinction des sexes, mais que l'on considère d'une manière tout à fait générale et sans prétendre parler d'un sexe plutôt que d'un autre, comme quand on dit : *l'homme est doué d'une âme immortelle ; le chien est un animal très-aimant.* Il est évident que dans ces deux phrases, on ne prétend pas plus parler de l'homme que de la femme, du chien que de la chienne.

Ces distinctions du genre neutre et même du genre commun existent dans quelques langues ; mais dans la plupart, et spécialement dans la langue française, on a donné à tous les substantifs, sans exception, le genre masculin ou le genre féminin, bien qu'ils représentent des objets qui ne sont d'aucun sexe. Cette attribution d'un genre à chaque nom a été faite d'une manière arbitraire, en sorte qu'on ne peut donner là-dessus aucune règle ; tout se réduit à observer l'usage et à s'y conformer.

Dans les noms qui représentent des objets sans sexe, le genre est invariable ; ainsi *maison, ville, pierre, rivière, herbe,* sont toujours du genre féminin ; *château, village, métal, fleuve, arbre,* sont toujours du genre masculin. Il ne peut y avoir de variations que dans les noms qui représentent des objets où existe la distinction des sexes ; or, voici ce que l'usage a établi sur ce point dans notre langue.

Pour l'homme et pour certains animaux qui sont le plus en rapport avec l'homme, chaque sexe a un nom différent ; ainsi on dit *homme* et *femme, bœuf* et *vache, cheval* et *jument, coq* et *poule,* etc. D'autres fois, pour désigner le féminin, on ne fait que changer la terminaison du nom masculin, à peu près comme nous verrons plus tard que cela se fait dans les adjectifs ; ainsi de *chien* on fait *chienne ;* de *chat, chatte ;* d'*âne, ânesse ;* de *mulet, mule,* etc.

Pour d'autres animaux dont le sexe nous est complétement indifférent, on n'a qu'un seul mot, masculin pour les uns, féminin pour les autres. Ainsi *éléphant, rat, corbeau, papillon, brochet,* sont invariablement du genre masculin ; *girafe, souris, oie, mouche, carpe,* sont invariablement du genre féminin. Pour indiquer le sexe de ces animaux, on est obligé d'ajouter au nom le mot *mâle* ou *femelle*. Ainsi on dit *un éléphant mâle*, *un éléphant femelle*.

Quelques noms d'état ont un masculin ou un féminin suivant l'individu à qui ils se rapportent. On dit, par exemple, *empereur, impératrice; roi, reine; duc duchesse; directeur, directrice; inspecteur, inspectrice; chanteur, cantatrice*, etc. Mais il en est d'autres qui restent constamment du genre masculin, comme *poëte, auteur, peintre*, etc., car on dit d'une femme comme d'un homme : c'est un *poëte, un auteur, un peintre*.

Pour compléter ce qui concerne le genre des noms, ajoutons que quelques-uns ont au pluriel un autre genre qu'au singulier. Ainsi on dit *un bel orgue*, et *de belles orgues; un fol amour et de folles amours*, etc. D'autres changent de genre en changeant d'acception; ainsi *aigle* est masculin lorsqu'il s'agit d'un oiseau, et féminin quand on parle de sa représentation dans les armoiries ou sur les étendards ; *couple* est féminin lorsqu'il s'agit de deux objets sans sexe, comme *une couple d'œufs*, et masculin lorsqu'il est question de deux individus des deux sexes, comme *un couple de pigeons, un heureux couple*.

Quelquefois un mot peut avoir des acceptions tellement différentes, qu'on doit le considérer comme formant deux mots différents, bien que composés des mêmes lettres ; tels sont le mot *manche*, qui peut signifier *manche d'un couteau* et *manche d'un habit; voile*, qui peut signifier *voile d'une femme* et *voile d'un navire; enseigne*, qui peut signifier *officier de marine* et *enseigne de boutique; trompette*, qui peut signifier *musicien de cavalerie* ou bien indiquer l'instrument dont se sert ce musicien. Il n'est pas surprenant que des mots si différents soient de genres si divers. Tous ceux que nous venons de citer sont masculins dans la première acception et féminins dans la seconde.

QUESTIONNAIRE.

Quelle idée doit-on se former du nom? — Pourquoi ce mot est-il aussi appelé substantif? — Qu'appelle-t-on nom propre? — Qu'appelle-t-on nom commun? — Qu'appelle-t-on nom abstrait? — Qu'appelle-t-on nom collectif? — Qu'appelle-t-on nom de nombre et en général nom de quantité? — N'y a-t-il pas des mots qui, bien que rangés ordinairement parmi les pronoms, les prépositions ou les adverbes, sont quelquefois de vrais substantifs? — Qu'appelle-t-on noms composés? — Quelles particularités présentent les substantifs? — Quel est l'usage naturel du genre masculin et du genre féminin? — A quoi servent le genre neutre et le genre commun que possèdent certaines langues? — Quel genre donne-t-on en français aux mots qui devraient être du genre commun ou du genre neutre? — Dans quels noms peut-il y avoir des variations par suite du genre? — Quelles sont les règles que l'on suit pour cela? — Quelle règle suit-on pour les noms d'état, de profession, qui peuvent convenir à un homme ou à une femme? — N'y a-t-il pas des noms qui ont au pluriel un autre genre qu'au singulier? — N'y a-t-il pas des noms qui changent de genre en changeant d'acception?

Section II. — Du nombre.

Un nom commun s'applique quelquefois à un individu, d'autres fois à deux ou à un plus grand nombre. De là résulte dans les noms la distinction des nombres.

En français il existe deux nombres : le *singulier* quand il s'agit d'un seul objet, le *pluriel* quand il en a plus d'un.

La distinction du singulier et du pluriel est ordinairement marquée par une modification dans le nom. Voici les règles que l'on peut établir à ce sujet.

1° En général, pour former le pluriel d'un nom, on ajoute un *s* au singulier : *un habit, des habits; un homme, des hommes; une femme, des femmes,* etc.

2° Les mots terminés au singulier par un *s,* un *x,* ou un *z,* ont le pluriel semblable au singulier, *un héros, des héros; une voix, des voix; un nez, des nez,* etc.

3° Les mots terminés au singulier par *au, eu,* prennent un *x* au pluriel : *un tableau, des tableaux; un cheveu, des cheveux,* etc.

4° On ajoute aussi un *x* pour indiquer le pluriel aux mots *bijou, caillou, chou, genou, hibou* et *pou*, qui font *bijoux, cailloux*, etc.

5° Les substantifs en *al* font au pluriel *aux* : *un mal, des maux; un cheval, des chevaux*, etc. On excepte *bal, carnaval, régal*, qui font *bals, carnavals, régals*.

6° Les mots en *ail* forment le pluriel de plusieurs manières différentes. Six d'entre eux forment leur terminaison en *aux*; ce sont les mots *bail, corail, émail, soupirail, travail, ventail*; pluriel, *baux, coraux*, etc. Mais *travail* fait *travails* lorsqu'il signifie un appareil où l'on ferre les chevaux; *ail* fait *aulx*, *bétail* fait *bestiaux*. Les autres mots en *ail* prennent un *s* au pluriel : *un portail, des portails; un gouvernail, des gouvernails*, etc.

7° Les mots *ciel, œil, aïeul*, ont deux pluriels :

Ciel fait *ciels* dans *ciels* de lit, *ciels* de tableaux, *ciels* de carrière, et lorsqu'on le prend dans le sens de climat : *L'Andalousie est sous un des plus beaux ciels de l'Europe.* — Dans tous les autres cas, il fait *cieux* : *Notre Père qui êtes aux cieux.*

Œil fait *yeux* lorsqu'on veut parler de l'organe de la vue ou de sa représentation : *J'ai mal aux yeux. Cet enfant sait à peine esquisser des yeux.* — Dans les autres cas, on dit *œils* : *œils-de-bœuf, œils de fromage.*

Aïeul fait *aïeux* dans le sens d'ancêtres, et *aïeuls* quand il signifie le grand-père paternel et le grand-père maternel.

8° Dans les substantifs terminés en *ant* ou en *ent*, on peut au pluriel conserver ou supprimer le *t*; ainsi on dit *enfants* ou *enfans, présents* ou *présens*, etc. La première manière semble pourtant préférable. Dans les monosyllabes comme *gant, dent*, etc., il faut conserver le *t* : *gants, dents*, etc.

Telles sont les règles pour la formation du pluriel des noms. Voyons maintenant si tous les noms sans exception sont susceptibles de singulier et de pluriel. On peut sur ce point établir les règles suivantes :

1° Généralement tout nom commun est susceptible de singulier et de pluriel. Il y en a pourtant quelques-uns qui ne s'emploient qu'au singulier, par exemple *la faim, la soif, l'humanité, la probité, la jeunesse, la santé*, etc.; les noms d'arts et de sciences, comme *la chimie, la physique, la peinture*, etc.; les noms de métaux comme *l'or, l'argent, le fer*, etc.; les noms qui proviennent de verbes ou d'adjectifs, comme *le boire, le manger, l'utile, l'agréable*, etc.

Cependant plusieurs de ces noms sont quelquefois employés hors de leur signification propre, et rentrent dans la règle générale; ainsi on dit : *des peintures, des sculptures*, pour désigner, non les arts eux-mêmes, mais leurs produits. On dit aussi *des bronzes*, pour désigner des objets fabriqués en bronze. On dit également *des fers* dans le sens de fer de cheval, de chaînes, etc.

Plusieurs noms tirés des langues étrangères, spécialement du latin, sont invariables. Ainsi on dit *des pater, des post-scriptum, des alinéa*. Quelques-uns cependant sont tellement passés dans notre langue, qu'ils ont cessé de faire exception à la règle de la formation du pluriel. On dit donc *un opéra, des opéras ; un numéro, des numéros*, etc.

Les adverbes et les conjonctions employés substantivement sont invariables; ainsi on dit : *Les pourquoi et les comment, les si et les car.* Il en est de même de cette locution : *Les on dit.*

S'il est plusieurs mots que l'on n'emploie qu'au singulier, il en est d'autres que l'on n'emploie qu'au pluriel, comme *funérailles, mœurs, ténèbres, vêpres, pleurs*, etc.[1]. Néanmoins les deux derniers ont été quelquefois employés au singulier.

2° Généralement les noms propres ne prennent point la marque du pluriel; ainsi on dit : *Les deux Corneille sont nés à Rouen.* A plus forte raison ne mettra-t-on pas la marque du pluriel dans cette phrase : *Le siècle de Louis XIV vit briller les Cor-*

---

1. Bossuet a dit par exception : un *pleur* éternel.

neille, *les Racine, les Molière, les Boileau, les La Fontaine;* car ici chacun de ces noms est véritablement au singulier. On met seulement l'article au pluriel pour mieux faire ressortir l'énumération; mais on dirait : *Ces poëtes sont les Corneilles et les Racines de notre siècle,* parce que, dans ce cas, les noms propres sont employés comme noms communs; ils ne désignent plus les individus qui portaient ces noms, mais ils signifient *des poëtes comme Corneille et Racine.*

Pour trouver le pluriel des noms composés, il faut faire attention, d'un côté, à la manière dont ils sont formés, de l'autre, à leur signification.

1° Il en est qui sont formés de mots invariables par leur nature ou par le sens; exemple : des *garde-manger,* des *passe-partout,* etc. Ici le mot *partout,* est un adverbe, mot invariable de sa nature. *Manger* est un verbe devenu substantif qui ne peut prendre la marque du pluriel; *garde* et *passe* sont des troisièmes personnes, qui ne peuvent non plus éprouver les variations particulières aux noms. Observons cependant que le mot *pourparler* s'emploie aujourd'hui comme un nom simple et prend la marque du pluriel : des *pourparlers.*

2° D'autres noms composés sont formés d'un mot invariable par sa nature et d'un nom qui peut être susceptible de variation. Mais il y a plusieurs cas à considérer relativement au sens.

Parmi ces noms, il en est qui ne peuvent jamais présenter une idée de pluralité, par exemple :

Contre-poison,	matière contre le poison.
Garde-feu,	petit meuble qui met en garde contre le feu.
Porte-drapeau,	homme qui porte le drapeau.
Réveille-matin,	horloge qui réveille dès le matin.
Serre-tête,	linge qui serre la tête.

Il est clair que, dans ces cas, on ne peut concevoir pluralité de poison, de feu, de drapeau, de matin, de tête; par conséquent, ces noms composés sont naturellement invariables.

Dans d'autres mots, le sens entraîne toujours pluralité, et, par conséquent, le nom qui entre dans le mot doit toujours être au pluriel. Citons, par exemple, les mots suivants :

Porte-mouchettes,	plateau qui porte les mouchettes.
Porte-allumettes,	petit vase où l'on place les allumettes.
Porte-clefs,	homme qui porte les clefs.
Essuie-mains,	linge qui sert à essuyer les mains.

Il faut excepter le mot un *cent-suisse* ou un *cent-garde*, qui signifie un homme du corps des cent-suisses ou des cent-gardes, et dans lequel le second mot présente évidemment l'idée de pluralité.

Enfin il y a de ces mots qui peuvent indiquer tantôt un singulier, tantôt un pluriel, par exemple :

Arrière-pensée,	pensée que conserve intérieurement la personne qui parle ou qui écrit.
Contre-coup,	un coup qui est l'effet indirect d'un coup directement donné.
Contre-amiral,	un amiral ou des amiraux au-dessous de l'amiral en chef.

Le nom qui entre dans ces composés peut donc prendre le singulier ou le pluriel, et l'on dit : une *arrière-pensée* et des *arrière-pensées*; un *avant-coureur* et des *avant-coureurs*; un *contre-coup* et des *contre-coups*, etc.

3° Certains composés sont formés de deux noms réunis par une préposition. Dans ce cas, le mot qui suit la préposition reste invariable, comme formant avec elle le complément du premier, et celui-ci est invariable ou variable suivant les circonstances.

Il est invariable, si le sens ne peut entraîner pluralité, comme un *pied-à-terre*, des *pied-à-terre* ; un *coq-à-l'âne*, des *coq-à-l'âne*, etc. En effet, de telles expressions signifient un logement où l'on n'a que la place de mettre le *pied à terre*, des discours sans suite, où l'on passe sans raison du *coq à l'âne* ; or, il est évident que, dans ces cas, le mot qui précède la préposition ne peut admettre l'idée de pluralité.

Il est variable lorsqu'il peut présenter tantôt unité, tantôt pluralité. Ainsi on dit : un *chef-d'œuvre* et des *chefs-d'œuvre*, un *arc-en-ciel* et des *arcs-en-ciel*, etc.

4° Enfin il y a des noms composés qui sont formés par la réunion immédiate de deux noms ou d'un nom et d'un adjectif ; tels sont : *chef-lieu, chou-fleur, bout-rimé, petit-maître*, etc. Les composants prennent alors l'un et l'autre la marque du pluriel, lorsque le sens entraîne pluralité, et l'on dit : des *chefs-lieux*, des *choux-fleurs*, des *bouts-rimés*.

Quelques mots néanmoins font exception ; ce sont les suivants : des *blanc-seings*, des *terre-pleins*, des *chevau-légers*, des *grand'mères*, des *grand'messes*. Mais on remarquera que dans *blanc-seings* et *terre-pleins*, le premier mot n'est pas dans la réalité susceptible de pluralité ; car ces mots signifient, l'un, *seing donné en blanc*, l'autre, *lieu plein de terre* ; en sorte que ces mots rentrent dans la catégorie du n° 3. Pour *grand'mères* et *grand'messes*, l'euphonie qui a fait supprimer la marque du féminin a fait supprimer aussi celle du pluriel. Enfin *chevau-légers* est, même au singulier, un mot bizarre et en dehors des règles ordinaires, puisque le mot *chevau*, dont il est composé, présente un véritable barbarisme.

QUESTIONNAIRE.

D'où provient dans les noms la distinction des nombres ? — Combien de nombres y a-t-il dans certaines langues ? — Combien de nombres y a-t-il en français ? — Comment se forme ordinairement le pluriel des mots terminés au singulier par un *s*, un *x* ou un *z* ? — Comment se forme le pluriel des mots terminés par les voyelles composées *au*, *eu*? — Ne forme-t-on pas de la même manière le pluriel de quelques noms terminés par *ou*? — Comment se forme le pluriel des substantifs terminés en *al*? — N'y a-t-il pas des exceptions à cette règle? — Quelles règles faut-il suivre pour la formation du pluriel des substantifs en *ail*? — Comment se forme le pluriel des mots *ciel, œil, aïeul*? — Quelle remarque y a-t-il à faire sur le pluriel des substantifs en *ant* et en *ent*? — Y a-t-il des noms communs qui ne soient pas susceptibles de pluriel? — Y a-t-il des noms propres qui soient susceptibles de pluriel? — Quelle règle générale doit-on suivre relativement au pluriel des noms composés? — Y a-t-il une catégorie de noms composés essentiellement invariables? — Y a-t-il des noms composés dans lesquels un des composants puisse être variable ou invariable suivant les circonstances? — Y a-t-il une catégorie de mots composés dans lesquels les deux mots soient essentiellement variables? — Cette dernière règle ne présente-t-elle pas quelques exceptions? — Quelles remarques peut-on faire sur ces exceptions?

CHAPITRE II.

DE L'ARTICLE.

L'article est un mot que l'on place devant les substantifs pour annoncer qu'ils sont pris dans un sens déterminé.

Un nom est pris dans un sens déterminé lorsqu'il s'applique à un genre, à une espèce ou à un individu. Lorsque, par exemple, je dis : *Les hommes sont faibles* ou *l'homme est faible*, je parle de tout un genre; si je dis : *l'homme laborieux ne peut manquer de réussir; les hommes vertueux sont rares*, je parle d'une espèce comprise dans le genre homme. Enfin si je dis: *l'homme que vous avez vu ce matin*, je parle d'un individu en particulier. Or, il est visible que, dans ces trois cas, l'emploi de l'article est nécessaire.

Du reste, quand on veut en venir à l'application de ces règles générales, on trouve une multitude d'exceptions ou de règles particulières qui ne sauraient trouver place ici et que nous renvoyons à la syntaxe. Contentons-nous d'ajouter pour le moment que l'article est sujet à deux changements, l'*élision* et la *contraction*.

L'élision consiste dans la suppression des finales *e, a* devant une voyelle ou un *h* muet. Ainsi, au lieu de dire et d'écrire *le ami, le homme, la épée, la humeur*, on écrit *l'ami, l'homme, l'épée, l'humeur*, et on prononce en conséquence.

La contraction consiste dans l'union des prépositions *de* et *a* avec l'article singulier *le*, et avec l'article pluriel *les*, en sorte qu'au lieu de dire : *à le, à les, de le, de les*, on dit : *au, aux, du, des*. La contraction n'a point lieu au singulier devant une voyelle ou un *h* muet. Ainsi on dit : *de l'état à l'état, de l'homme à l'homme*.

QUESTIONNAIRE.

Comment peut-on définir l'article ? — Quand dit-on qu'un substantif est pris dans un sens déterminé? — N'y a-t-il pas des substantifs qui sont toujours pris dans un sens déterminé? — Dans quels cas les substantifs communs sont-ils pris dans un sens déterminé? — De quelles modifications l'article est-il susceptible ?— Qu'est-ce que l'élision? — Qu'est-ce que la contraction? — Dans quels cas a-t-elle lieu ?

CHAPITRE III.

DE L'ADJECTIF.

Section I. — De l'adjectif en général.

L'adjectif est un mot qui se joint à un nom pour exprimer la qualité de la personne ou de la chose que le nom représente.

Il est souvent nécessaire d'ajouter une idée complémentaire aux différents noms, pour pouvoir exprimer entièrement la pensée que l'on veut faire comprendre ; telle est la fonction du plus grand nombre des adjectifs. Ainsi nous disons :

Eau *pluviale* au lieu de Eau *de pluie*.

Apparence *métallique*. — Apparence *de métal*.

Saveur *cuivreuse*. — Saveur *de cuivre*.

Homme *spirituel*. — Homme *d'esprit*.

Paysage *admirable*. — Paysage *qui mérite l'admiration*.

Campagne *charmante*. — Campagne *qui charme*.

Enfant *abandonné*. — Enfant *qui est sans protection*.

Mon habit. — Habit *qui est à moi*.

Ce livre. — Le livre *qui est là* ou *dont on parle*.

Prenez la *première* rue à gauche. — Prenez la rue *qui est avant les autres* à gauche.

Prenez la *seconde* rue. — Prenez la rue *qui est après la première*.

Tous les mots qui remplacent ainsi les compléments plus ou moins compliqués des substantifs sont des adjectifs, qui affectent à la fois les noms dans leur compréhension (c'est-à-dire dans les idées que renferme l'idée de chaque nom), et dans leur étendue (c'est-à-dire dans le nombre d'individus auxquels ils s'appliquent). Les adjectifs qui remplacent des compléments augmentent toujours la compréhension des substantifs, et, par suite, diminuent l'étendue du sens. En effet, il n'y a plus seulement, dans les phrases précédentes, les simples idées d'*apparence*, de *saveur*, d'*homme*, d'*animal*, de *paysage*, de *campagne*, d'*enfant*, d'*habit*, de *maison*, de *livre*, de *rue*; mais ces mêmes idées augmentées de celles qu'on a ajoutées par les expressions complémentaires. Or, par cette addition, on exclut de la pensée toute autre *apparence* que celle du métal, toute autre *saveur* que celle du cuivre, tout autre *habit* que le mien, tout autre *livre* que celui qui est présent, etc. Donc, en augmentant la compréhension des noms, on a diminué leur étendue.

Ces adjectifs dont nous venons de parler peuvent

être nommés *complémentaires*, puisqu'ils renferment la valeur d'un complément. Le nombre en est assez considérable dans la langue française, et cependant il s'en faut de beaucoup que nous puissions remplacer tous nos compléments par des mots de cette espèce. Ainsi il n'y a pas de mots simples, c'est-à-dire d'adjectifs, pour exprimer les compléments suivants : *de chasse, de berger, d'argent, de bronze, de marbre ;* en sorte que nous sommes forcés d'employer ces expressions mêmes, lorsque nous disons : *chien de chasse, chien de berger, statue de marbre, vase d'argent,* etc.

Remarquons maintenant qu'il arrive souvent qu'au lieu de faire porter les abréviations sur les compléments, on les porte sur l'antécédent même, en y joignant la préposition. Ainsi nous disons :

Tous les pigeons, au lieu de *la totalité* des pigeons.
Aucun avis n'a pu. — *Pas un des avis* n'a pu.
Quelques poules. — *Un petit nombre* de poules.
Plusieurs lapins. — *Un assez grand nombre* de lapins.

Ces sortes de mots sont encore des adjectifs, parce que leur fonction est aussi d'ajouter une idée à une autre ; mais ils offrent une différence nettement tranchée sur les adjectifs complémentaires, en ce que, par suite même de leur origine, ils ne touchent en rien à la compréhension du nom auquel ils sont joints, et n'affectent que son étendue ; en quoi ils ont de l'analogie avec l'article. En effet, dans les exemples que nous venons de citer, on doit voir que, malgré les adjectifs, les noms ne présentent ni plus ni moins que les idées pures et simples de *pigeons,* de *poules,* etc. Mais l'étendue de ces noms est modifiée ; car ces adjectifs ont pour but de montrer qu'il s'agit ici de tous les individus *pigeons,* d'un nombre indéterminé d'individus *poules,* etc.

La plupart de nos expressions numératives sont des adjectifs du même genre que les précédents : elles n'affectent point la compréhension des noms, mais en déterminent avec précision l'étendue, comme quand on dit *une* perdrix, *deux* corbeaux, etc.

Ces sortes d'adjectifs, au lieu d'être complémentaires comme les premiers, sont *antécédentaires*, c'est-à-dire qu'ils renferment la valeur de l'antécédent de l'idée totale exprimée. Leur nombre est peu considérable en français; car nous n'avons aucune expression équivalente, par exemple, à *beaucoup de, peu de, combien de, tant de*, etc. Mais dans certaines langues ces expressions sont remplacées par des mots simples, véritables adjectifs du genre de ceux dont nous parlons.

Cette distinction établie par M. Beudant, parmi les adjectifs, diffère un peu de la distinction plus communément admise entre les adjectifs qualificatifs et les adjectifs déterminatifs.

Les grammairiens qui adoptent cette dernière division, n'établissent point pour l'ordinaire de sous-division parmi les adjectifs qualificatifs; mais, parmi les adjectifs déterminatifs, ils distinguent les adjectifs *numéraux : un, deux*, etc.; *premier, second*, etc.; les adjectifs *démonstratifs : ce, cette*, etc. ; les adjectifs *possessifs : mon, ma, notre, leur*, etc. ; les adjectifs *indéfinis : chaque, nul, quelqu'un*, etc.

M. Beudant établit des sous-divisions dans les deux classes qu'il a admises. Parmi les adjectifs complémentaires, il distingue quatre espèces :

1° Les adjectifs *qualificatifs*, qui ont pour objet d'ajouter à un nom l'idée d'une qualité, d'un état, etc. Ces adjectifs sont très-nombreux en français; citons comme exemples *bon, beau, grand, ancien, nouveau*, etc. Le grammairien que nous venons de citer range parmi les adjectifs qualificatifs ceux qu'il appelle multiplicatifs, comme *double, triple*, etc. Ces adjectifs sont quelquefois confondus avec les adjectifs numéraux ; mais ils en diffèrent en ce que les adjectifs numéraux affectent seulement l'étendue des noms, tandis que les adjectifs numératifs n'en affectent que la compréhension ;

2° Les adjectifs *ordinaux*, qui marquent l'ordre et le rang, comme *premier, second*, etc. Ces adjectifs diffèrent encore des adjectifs numéraux proprement dits de la même manière que les adjectifs multiplicatifs ;

3° Les adjectifs *possessifs*. Ces adjectifs, destinés à ajouter à un nom l'idée de possession, ont cela de particulier qu'ils ont, comme nous le verrons plus tard, de certains pronoms, des formes destinées à montrer leurs rapports avec les trois personnes du discours, c'est-à-dire avec la personne qui parle, ou avec celle à qui l'on parle, ou avec celle de qui l'on parle.

On distingue de plus, parmi les adjectifs possessifs de chaque personne, ceux qui se rapportent à un seul possesseur, et ceux qui se rapportent à plusieurs :

1re Personne. { Un possesseur, *mon, ma, mes*.
{ Plusieurs possesseurs, *notre, nos*.

2e Personne. { Un possesseur, *ton, ta, tes, votre, vos*.
{ Plusieurs possesseurs, *votre, vos*.

3e Personne. { Un possesseur, *son, sa, ses*.
{ Plusieurs possesseurs, *leur, leurs*.

4° Les adjectifs *démonstratifs*, qui servent à ajouter une idée de présence, à montrer la chose dont on veut parler, ou à rappeler celle dont il a été question. Les adjectifs démonstratifs sont, pour le masculin, *ce* devant une consonne, *cet* devant une voyelle ou un *h* muet ; pour le féminin, *cette* ; pour le pluriel, *ces*.

Parmi les adjectifs antécédentaires, le grammairien que nous suivons dans toute cette théorie, admet trois classes :

1° Les adjectifs *numéraux*, qui ajoutent une idée de nombre, soit précise et définie, soit indéfinie, et indiquant seulement un nombre plus grand que l'unité. Pour la numération précise, on emploie les adjectifs *un, deux*, etc. ; pour l'indication numérique vague, on se sert des adjectifs *plusieurs* et *quelques*.

Observons que le plus grand nombre des grammairiens rangent ces deux derniers mots parmi les adjectifs indéfinis dont nous allons parler tout à l'heure. D'un autre côté, ils classent parmi les adjectifs numéraux les mots *premier, second,* etc.; d'où il résulte que les adjectifs numéraux comprennent deux classes : les adjectifs numéraux cardinaux, comme *un, deux,* etc., et les adjectifs numéraux ordinaux, comme *premier, second,* etc.;

2° Les adjectifs *indéfinis,* dont le nom indique suffisamment le caractère. Ce sont les adjectifs *nul, certain, tel,* etc.;

3° L'adjectif conjonctif *quel, quelle, quels. Quel homme avez-vous vu? Quel beau travail!* etc.

Terminons ces généralités sur les adjectifs, en faisant observer qu'un adjectif n'a pas de sens par lui-même, puisqu'il n'est autre chose qu'une expression antécédentaire, qui exige un complément, ou une expression complémentaire, qui suppose un antécédent. Un adjectif doit donc toujours être joint à un nom. Il est cependant certains cas où on emploie un adjectif sans substantif, comme quand on dit : *le vrai, le faux, le juste, l'injuste, l'utile, l'agréable.* Alors ces adjectifs perdent leur valeur complémentaire ou antécédentaire, et prennent une signification substantive.

QUESTIONNAIRE.

Quelle est la fonction de l'adjectif? — Combien d'espèces d'adjectifs peut-on distinguer? — Donnez des exemples d'adjectifs complémentaires. — Donnez des exemples d'adjectifs antécédentaires. — N'y a-t-il pas une autre division plus communément adoptée? — Quelles subdivisions établissent les grammairiens qui divisent les adjectifs en qualificatifs et déterminatifs? — Quelles subdivisions adoptent ceux qui les divisent en complémentaires et en antécédentaires? — L'adjectif a-t-il un sens par lui-même? — L'adjectif n'est-il pas quelquefois employé sans substantif?

SECTION II. — Du genre et du nombre dans les adjectifs.

Nous avons traité dans la section précédente de l'adjectif en général et de ses différentes espèces; occupons-nous maintenant des diverses modifications dont les adjectifs sont susceptibles. Ces modifications sont au nombre de trois, savoir : le genre, le nombre et le degré. Nous traiterons d'abord du genre et du nombre.

L'adjectif, étant une dépendance du nom, prend le genre et le nombre de ce nom lui-même. L'application de cette règle exige quelques observations.

1° Lorsqu'un adjectif se rapporte à plusieurs noms singuliers, il se met au pluriel.

2° Lorsqu'un adjectif se rapporte à des noms dont les uns sont masculins et les autres féminins, il se met au masculin. Il faut alors avoir soin, autant que possible, de mettre immédiatement avant l'adjectif un substantif masculin.

3° Dans certains cas, les adjectifs demeurent invariablement au singulier masculin, bien que les noms auxquels ils se rapportent soient à un autre genre ou à un autre nombre. C'est d'abord lorsque deux adjectifs se modifient l'un par l'autre, comme *un chapeau rose tendre; des cheveux châtain clair*. — C'est ensuite lorsqu'un adjectif est pris adverbialement, comme *ces fleurs sentent bon; ces livres coûtent cher*, etc. — Les adjectifs *nu* et *demi* sont invariables lorsqu'ils précèdent le nom : *nu-tête; une demi-heure*.

— L'adjectif *feu*, qui se met toujours avant le nom, n'a pas de pluriel; s'il précède immédiatement le nom féminin, il en prend le genre, comme *la feue reine*; lorsqu'il est séparé du nom par un article ou un adjectif, il est invariable : *feu la reine, feu votre mère*.

Après ces remarques sur les cas où les adjectifs doivent ou ne doivent pas changer de genre ou de nombre, voyons de quelle manière s'opèrent ces modifications.

D'abord, pour ce qui tient au féminin, nous pouvons établir en règle générale qu'il se forme en ajoutant au masculin un *e* muet : *grand, grande; méchant, méchante; poli, polie; doré, dorée; un, une*.

Cette règle admet un grand nombre d'exceptions, voici les principales :

1° Les adjectifs terminés au masculin par un *e* muet ont le féminin semblable au masculin : tels sont les adjectifs *sage, honnête, aimable*, etc.

2° Les adjectifs en *el, eil, en, et, on,* forment le féminin en doublant la consonne et en prenant en outre l'*e* muet : *tel, telle; pareil, pareille; ancien, ancienne; muet, muette; bon, bonne,* etc. Cependant quelques adjectifs en *et*, au lieu de redoubler la consonne, changent l'*e* muet en *e* ouvert; ce sont les adjectifs *complet, concret, discret, secret, inquiet, replet,* qui font au féminin *complète*, etc.

3° On double aussi la consonne dans les adjectifs *nul, gentil, sot, paysan, bas, gras, las, épais, gros, exprès, profès.* Ils font au féminin *nulle, gentille, sotte,* etc.

4° Les adjectifs *jumeau, beau, nouveau, fou, mou,* font au féminin *jumelle, belle, nouvelle, folle, molle.* Il faut même remarquer que les quatre derniers, lorsqu'ils sont placés avant le substantif auquel ils se rapportent et que ce substantif commence par une voyelle, changent *au* et *u* en *l* : *bel enfant, nouvel an, fol espoir, mol édredon.*

5° De même que les adjectifs précédents remplacent par une autre lettre la voyelle qui les termine, de même, il en est qui changent leur consonne finale. Ce sont d'abord : — Les adjectifs en *f*, qui prennent au féminin un *v* : *neuf, neuve; veuf, veuve,* etc. — Puis les adjectifs *blanc, franc, sec, frais,* qui font *blanche, franche, sèche, fraîche.* — *Bénin, malin,* qui font *bénigne, maligne.* — *Public, caduc, Turc,* qui font *publique, caduque, Turque.*

6° *Grec* fait au féminin *Grecque;* — *Long, oblong,* font *longue, oblongue.*

7° Les adjectifs en *eur* diffèrent les uns des autres pour la formation du féminin. Ceux en *ieur* font régulièrement *ieure* : *extérieur, extérieure; supérieur, supérieure,* etc. — Les autres changent *eur* en *euse; trompeur, trompeuse; flatteur, flatteuse,* etc. — Quelques-uns cependant changent *eur* en *eresse* : *enchanteur, enchanteresse; vengeur, vengeresse*. — Enfin *majeur, mineur, meilleur* font régulièrement *majeure, mineure, meilleure*.

8° *Favori* fait *favorite; témoin* sert pour les deux genres : *châtain, dispos, fat,* ne s'emploient qu'au masculin.

9° Les adjectifs possessifs *mon, ton, son,* font au féminin *ma, ta, sa; leur* sert pour les deux genres. Tous les adjectifs possessifs n'ont au pluriel qu'une seule forme, qui sert pour les deux genres.

Pour la formation du pluriel, la règle générale est que l'on ajoute un *s* au singulier : *bon, bons; bonne, bonnes; grand, grands; grande, grandes,* etc.

Cette règle a plusieurs exceptions, savoir :

1° Les adjectifs terminés au singulier par *x, s,* comme *gros, épais, heureux, doux,* ne changent point au pluriel.

2° Les adjectifs en *eau* prennent au pluriel un *x* au lieu d'un *s* : *beau, beaux; nouveau, nouveaux,* etc.

3° La plupart des adjectifs en *al* font le pluriel en *aux* : *égal, égaux; moral, moraux,* etc. Quelques-uns cependant font le pluriel d'après la règle générale, par la simple addition d'un *s*; ainsi les adjectifs *fatal, final, glacial, natal, naval, théâtral,* font au pluriel *fatals, finals,* etc.

Ajoutons en terminant que l'on doit appliquer aux adjectifs terminés en *ant* ou *ent*, la remarque que nous avons déjà faite sur les substantifs de même terminaison, savoir : qu'au pluriel, ils peuvent indifféremment garder ou perdre le *t*. Ainsi on peut écrire *charmants* ou *charmans, prudents* ou *prudens*. Les adjectifs qui n'ont qu'une syllabe, comme par exemple l'adjectif *lent*, ne peuvent perdre le *t*.

QUESTIONNAIRE.

De combien de modifications les adjectifs sont-ils susceptibles? — Quelle est la règle générale pour le genre et le nombre des adjectifs? — A quel nombre met-on un adjectif qui se rapporte à plusieurs substantifs singuliers? — A quel genre met-on un adjectif qui se rapporte à des substantifs dont les uns sont masculins et les autres féminins? — Les adjectifs ne sont-ils pas quelquefois invariables? — Quelle est la règle pour la formation du féminin? — Quelles sont les exceptions à cette règle? — Comment font au féminin les adjectifs en *eur*? — Qu'y a-t-il à remarquer sur le féminin des adjectifs possessifs? — Quelle est la règle générale pour la formation du pluriel? — Quelles sont les exceptions à cette règle? — Qu'y a-t-il à observer sur les adjectifs terminés en *ant* ou *ent*?

Section III. — Degrés des adjectifs qualificatifs.

Les qualités exprimées par les adjectifs qualificatifs peuvent avoir différents degrés d'intensité, peuvent être considérés de diverses manières; de là les divers degrés que l'on distingue dans les adjectifs qualificatifs. Quelquefois on ne fait qu'indiquer tout simplement l'existence d'une qualité dans un objet, sans avoir aucun égard à l'intensité de cette propriété, comme quand on dit: *cet enfant est studieux, votre frère est jeune, ce cheval est beau*, etc. On dit alors que l'adjectif est au *positif*.

D'autres fois on indique que la qualité en question se trouve à un degré d'intensité plus ou moins forte, plus ou moins faible; l'adjectif prend alors la forme *augmentative* ou *diminutive*. La manière la plus ordinaire d'obtenir en français la forme augmentative consiste à mettre avant l'adjectif un des mots *très, fort, bien, très-bien, infiniment*, etc. Quelquefois aussi l'augmentation est indiquée par une particule qui ne forme qu'un seul et même mot avec l'adjectif; c'est ce qui a lieu dans les mots *surabondant, surnaturel, surchargé*, etc. On forme aussi l'augmentatif par la répétition de l'adjectif, ou par l'addition des mots *trois, cent, mille*, etc. Exemples: *Saint, saint, saint, est le Seigneur. Le Dieu trois fois saint. O jour cent fois heureux! O bienheureux mille fois l'enfant que le Seigneur aime!*

Jusqu'ici nous avons vu des adjectifs exprimant les qualités des objets d'une manière absolue et sans aucune comparaison. Mais on peut aussi considérer une qualité dans un objet en comparant cet objet à d'autres, ou bien en comparant cette qualité à d'autres qualités que possède le même objet. On a alors le degré appelé comparatif. Cette comparaison pouvant se faire de plusieurs manières différentes, il existe plusieurs espèces de comparatifs, savoir :

1° *Le comparatif d'égalité;* il se forme au moyen des mots *aussi que, autant que.* Exemples : *Cet enfant est aussi sage que son frère. Il est vertueux autant qu'instruit.*

2° *Le comparatif partiel augmentatif ou de supériorité.* Ce comparatif est appelé partiel parce que l'on compare l'objet en question seulement à un individu, ou tout au plus à un certain nombre d'individus; tandis que, dans le comparatif que nous appellerons général, on compare l'objet à tous les individus de son espèce. Le comparatif partiel de supériorité se forme au moyen des mots *plus, mieux, bien plus, beaucoup plus,* etc. Exemples : *Ce livre est plus beau que le mien. Mon habit est mieux fait que le vôtre. Vous êtes bien plus heureux que sage. Il est beaucoup plus malade aujourd'hui qu'hier.* Il existe des adjectifs qui ont une forme particulière pour le comparatif augmentatif; ainsi *bon* fait *meilleur, mauvais* fait *pire, petit* fait *moindre,* etc.

3° *Le comparatif partiel diminutif ou d'infériorité.* Exemples : *Ce livre est moins beau que le mien. Je suis moins riche que vous ne pensez. Je suis moins bien portant qu'hier.*

4° *Le comparatif général augmentatif.* Exemples : *Ce livre est le plus beau de ma bibliothèque. Votre frère est le meilleur des hommes.*

5° *Le comparatif général diminutif.* Exemple : *Ce livre est le moins cher que j'aie trouvé.*

Ajoutons que pendant longtemps on a appelé superlatifs absolus, les augmentatifs; superlatifs relatifs, les comparatifs généraux, et comparatifs, les comparatifs partiels. Ces dénominations étaient beaucoup moins justes que celles que nous avons adoptées, à l'exemple de grammairiens très-estimés.

QUESTIONNAIRE.

D'où proviennent les différents degrés des adjectifs? — Dans quels adjectifs distingue-t-on ces degrés? — Qu'est-ce que le degré appelé positif? — Qu'est-ce que le degré appelé augmentatif et comment se forme-t-il? — Qu'est-ce que le diminutif et comment se forme-t-il? — Qu'appelle-t-on en général comparatif? — Qu'est-ce que le comparatif augmentatif partiel et comment se forme-t-il? — Que signifie l'épithète de partiel? — Qu'est-ce que le comparatif partiel diminutif? — Qu'est-ce que le comparatif général augmentatif? — Qu'est-ce que le comparatif général diminutif? — Comment nommait-on autrefois ces différents degrés?

CHAPITRE IV.

DU PRONOM.

Il peut arriver que l'idée d'une même personne ou d'une même chose se représente plusieurs fois dans un discours de peu d'étendue. Or, rien ne serait moins agréable que la répétition trop fréquente du nom de cette personne ou de cette chose. Ainsi, on ne pourrait supporter la phrase suivante : *Les* ÉLÈVES *ont écouté la* LEÇON *que le professeur a expliquée aux* ÉLÈVES; *les* ÉLÈVES *ont étudié cette* LEÇON, *et ensuite les* ÉLÈVES *ont récité cette* LEÇON. Pour la rendre tolérable, il faut éviter la répétition des mots *leçon* et *élèves;* mais, comme ces mots remplissent toujours des fonctions importantes dans la phrase, il faut les remplacer par d'autres mots qui puissent remplir les mêmes fonctions. On dira donc : *Les* ÉLÈVES *ont écouté la* LEÇON *que le professeur* LEUR *a expliquée;* ILS L'*ont étudiée, et ensuite,* ILS L'*ont récitée.* Les mots *leur, ils, l',* qui remplacent les noms *élèves, leçon,* et qui peuvent remplacer d'autres noms quelconques, sont ce qu'on appelle des pronoms. En général, *le pronom est un mot qu'on met à la place du substantif pour en rappeler l'idée et en épargner la répétition.*

On distingue six espèces de pronoms : les pronoms personnels, les pronoms possessifs, les pronoms démonstratifs, les pronoms conjonctifs, les pronoms interrogatifs et exclamatifs et les pronoms indéfinis.

Les pronoms personnels remplacent les noms, en indiquant principalement la personne, c'est-à-dire le personnage, le rôle que ces noms remplissent dans le discours. Or, un nom, ou plutôt l'être qu'il représente, ne peut remplir dans le discours que trois rôles, savoir : comme *parlant*, comme *écoutant*, et comme servant d'objet au discours. On nomme l'être qui parle la première personne ; l'être qui écoute, ou à qui l'on parle, la deuxième personne, et l'être de qui l'on parle, la troisième personne.

D'après cela, il y a trois pronoms personnels, correspondant aux trois personnes du discours, et chacun de ces pronoms a différentes formes, suivant qu'il est sujet d'un verbe, régime d'un verbe, ou qu'il se trouve dans une autre position. Nous allons présenter les trois pronoms personnels avec leurs différentes formes.

Sujet d'un verbe.

Première personne. *Sing.*, je ; *plur.*, nous.
Deuxième personne. *Sing.*, tu ; *plur.*, vous.
Troisième personne. *Sing.*, il, elle, *plur.*, ils, elles.

Régime d'un verbe.

Première personne. *Sing.*, me ; *plur.*, nous.
Deuxième personne. *Sing.*, tu ; *plur.*, vous.
Troisième personne. *Sing.* (*a*), le, la, (*b*) lui ; *plur.*, les, leur.

Dans les autres cas.

Première personne. *Sing.*, moi ; *plur.*, nous.
Deuxième personne. *Sing.*, toi ; *plur.*, vous.
Troisième personne. *Sing.*, lui, elle ; *plur.*, eux, elles.

Faisons observer que le pronom de la troisième personne, lorsqu'il est régime direct d'un verbe, a une autre forme que lorsqu'il est régime indirect. La première forme est précédée, dans l'exemple ci-dessus, de la lettre (a); la seconde, de la lettre (b). Exemples de la première forme : *Je le connais, je la vois, je les aime.* Exemples de la deuxième forme : *Je lui parle, je leur écris.*

Le pronom de la troisième personne a encore une autre forme que l'on appelle réfléchie : *se, soi.* Cette forme est employée lorsqu'un verbe à la troisième personne a un même substantif pour sujet et pour régime : *Pierre se loue; il ne faut pas se louer soi-même; il faut même éviter de parler de soi.* On voit par ces exemples que *se* s'emploie avant un verbe, et *soi* après un verbe ou après une préposition.

Parmi les pronoms personnels indiqués plus haut, il en est qui ressemblent à l'article, à l'adjectif possessif, etc. Mais ces ressemblances de forme ne doivent point faire confondre des mots qui, au fond, sont très-différents. Ainsi il est aisé de voir que les mots *le, la, les, leur*, dans les phrases suivantes, *le père, la mère, les enfants, leurs amis*, sont des mots réellement distincts de ce qu'ils sont dans : *Je le vois, je la connais, je les estime, je leur parle.*

2. Le pronom possessif rappelle l'idée du substantif, en y ajoutant une idée de possession. Ce pronom a des formes différentes pour chaque personne, et aussi pour le cas où la chose est possédée par une seule personne ou par plusieurs.

Possesseur unique.

Première personne. *Sing.*, le mien, la mienne; *plur.*, les miens, les miennes.

Deuxième personne. *Sing.*, le tien, la tienne; *plur.*, les tiens, les tiennes.

Troisième personne. *Sing.*, le sien, la sienne; *plur.*, les siens, les siennes.

Possesseur multiple.

Première personne. *Sing.*, le nôtre, la nôtre; *plur.*, les nôtres.

Deuxième personne. *Sing.*, le vôtre, la vôtre; *plur.*, les vôtres.

Troisième personne. *Sing.*, le leur, la leur ; *plur.*, les leurs.

3. Les pronoms démonstratifs sont ceux qui remplacent tout à la fois un substantif et un adjectif démonstratif dont ce substantif serait précédé. Voici ces pronoms :

Ce, celui, ceux, celle, celles, celui-ci, ceux-ci, celle-ci, celles-ci, celui-là, ceux-là, celle-là, celles-là, ceci, cela.

Il ne faut pas confondre *ce*, pronom, comme dans ces exemples : *ce que je vois, c'est bien ; c'est cela*, avec *ce*, adjectif, comme dans *ce livre*.

4. Les pronoms conjonctifs joignent, lient aux substantifs dont ils tiennent la place, d'autres mots qui servent à les expliquer ou à en déterminer la signification. Ces pronoms sont les suivants : *Qui, que, quoi, lequel, laquelle, lesquels, lesquelles, duquel, auquel, dont*. Exemples : *Il y a des personnes qui critiquent l'écrivain* QUE *vous aimez,* DONT *vous recherchez les ouvrages,* AUQUEL *vous donnez la préférence.* Le pronom conjonctif est assez communément appelé pronom relatif.

5. Quant aux pronoms interrogatifs, exclamatifs et indéfinis, il suffira de les énumérer.

Pronoms interrogatifs : *Qui ? que ? quoi ?* Pronom exclamatif : *Quoi !*

6. Pronoms indéfinis : *On, quiconque, quelqu'un, chacun, autrui, l'un, l'autre, l'un et l'autre, personne.*

Terminons en indiquant deux mots qui sont quelquefois adverbes et qui, d'autres fois, équivalent à un pronom précédé d'une préposition ; ce sont les mots *en* et *y*. Le premier peut signifier *de lui, d'elle, d'eux, d'elles, de ceci, de cela* ; l'autre, *à lui, à elle, à eux, à elles, à ceci, à cela*. Ils peuvent donc être pronoms personnels ou pronoms démonstratifs.

QUESTIONNAIRE.

Qu'est-ce que le pronom? — Montrez par quelques exemples la nécessité du pronom. — Combien distingue-t-on d'espèces de pronoms? — Qu'appelle-t-on pronom personnel? — Que signifie en grammaire le mot personne? — Combien y a-t il de personnes dans le discours? — Quelle est la forme du pronom de la première personne lorsqu'il est sujet d'un verbe?... Lorsqu'il est régime d'un verbe... Dans tout autre cas? — Quelle est, dans ces différentes positions, la forme du pronom de la deuxième personne? — Quelle est, dans les mêmes circonstances, la forme du pronom de la troisième personne? — Le pronom de la troisième personne n'a-t-il pas encore une autre forme? — Quand emploie-t-on le pronom réfléchi? — Combien de formes a le pronom réfléchi? — Quand emploie-t-on *se?* — Quand emploie-t-on *soi?* — N'y a-t-il pas des pronoms personnels qui ressemblent à des articles ou à des adjectifs? — Doit-on les confondre avec ces articles ou ces adjectifs? — Qu'est-ce que le pronom possessif? — Quelles en sont les formes? — Qu'est-ce que le pronom démonstratif? — Énumérez ces pronoms. — Qu'est-ce que le pronom conjonctif? — Énumérez ces pronoms. — Comment appelle-t-on assez communément les pronoms conjonctifs? — Énumérez les pronoms, interrogatifs, exclamatifs, indéfinis. — Que sont les mots *en* et *y?*

CHAPITRE V.

DU VERBE.

Le *verbe* exprime l'existence et l'affirmation : il n'y a qu'un mot qui ait cette propriété, c'est le verbe *être* qui est exprimé ou sous-entendu dans toutes les propositions, dans l'énonciation de tout jugement. Dans cet exemple : *Cicéron est éloquent*, j'exprime que Cicéron a existé, et j'affirme qu'il est éloquent. Nous avons dit que le verbe est quelquefois sous-entendu; exemple : *Aristide vertueux*, c'est-à-dire Aristide *était* vertueux.

Les verbes qu'on appelle actifs, *passifs, neutres, pronominaux, unipersonnels*, ne sont des verbes que parce qu'ils renferment le verbe *être* ; ainsi, chanter, c'est être chantant; lire, c'est être lisant, etc. L'attribut étant un adjectif, ces verbes sont désignés sous le nom de verbes *adjectifs* ou *attributifs;* on peut les appeler aussi *propositifs*, parce qu'ils offrent une proposition entière, c'est-à-dire le sujet, le verbe et l'attribut. Il n'y a donc véritablement qu'un verbe; c'est le verbe substantif être.

Il y a quatre modifications dans les verbes : le nombre, la personne, le mode et le temps.

Le *nombre* est une modification du verbe qui désigne le singulier ou le pluriel; je frappe, tu frappes, il frappe, sont du singulier; nous frappons, vous frappez, ils frappent, indiquent le pluriel.

La *personne* est une modification qui fait connaître la personne qui agit. *Je, nous*, désignent la première personne; *tu, vous*, la seconde; *il, elle, ils, elles*, la troisième.

Le *temps* fait connaître le moment, l'époque à laquelle on parle, à laquelle se fait une action. Il ne peut y avoir que trois temps.

Si une action se fait ou se passe actuellement, c'est le *présent;* si elle doit avoir lieu dans un temps à venir, c'est le *futur;* a-t-elle été accomplie, c'est le *passé.*

Le *mode* indique les différentes manières d'exprimer l'existence et l'affirmation. On distingue cinq modes dans les verbes : l'*indicatif*, le *conditionnel*, l'*impératif*, le *subjonctif* et l'*infinitif*.

L'*indicatif* indique que l'action se fait actuellement, ou qu'elle a été faite, ou qu'elle se fera. Ce mode renferme huit temps : l'*indicatif présent* affirme que l'action se fait maintenant; l'*imparfait*, le *prétérit défini*, le *prétérit indéfini*, le *prétérit antérieur* et le *plus-que-parfait*, expriment les modifications d'un temps passé; le *futur absolu* et le *futur antérieur* indiquent une action qui doit s'accomplir dans un temps à venir.

Le *conditionnel* est un mode qui affirme qu'une action aurait lieu moyennant une condition. Ce mode offre deux temps, le conditionnel présent et le conditionnel passé.

Le mode *impératif* a la propriété de présenter l'affirmation sous l'idée du commandement, de la prière et de l'invocation. L'impératif n'a qu'un temps et ce temps n'a que trois personnes : la deuxième du singulier, la première et la seconde du pluriel ; exemple : *aime, aimons, aimez*.

Le *subjonctif* exprime un désir, un doute : je souhaite *que vous travailliez* avec zèle. Ce mode renferme quatre temps, le présent ou futur, l'imparfait, le passé, et le plus-que-parfait.

Le mode *infinitif* s'emploie sans nombre ni personne, et présente l'existence et l'affirmation d'une manière vague et générale : *mourir* pour la patrie est un sort digne d'envie. On divise les modes en *personnels* et en *impersonnels*. Les modes personnels sont ceux qui, dans leur conjugaison, emploient les pronoms, comme *je lis, nous travaillons, ils ont étudié;* ces modes sont : l'indicatif, le conditionnel, l'impératif et le subjonctif. Le seul mode impersonnel est l'infinitif, parce qu'il n'emploie pas de pronoms.

Des temps simples et des temps composés.

Les temps des verbes qui se conjuguent sans le secours des auxiliaires *avoir* et *être*, sont nommés *temps simples :* comme *j'écris, j'écrivais, j'écrirai*. Ceux au contraire qui ont besoin des verbes auxiliaires, *j'avais écrit, j'aurais charmé*, sont désignés sous le nom de *temps composés*.

Du sujet du verbe.

L'objet de l'affirmation, la personne ou la chose qui fait l'action du verbe, se nomme *sujet*. Il est facile de trouver le sujet d'un verbe en faisant, avant ce verbe, la question *qui est-ce qui ?* pour les personnes, et *qu'est-ce qui ?* pour les choses. Exemple : *J'aime mon père.* Qui est-ce qui aime ? *je* ou *moi*, voilà le sujet. *La vertu me charme.* Qu'est-ce qui me charme ? *la vertu.*

Du régime.

Le mot qui complète l'idée du verbe se nomme *régime* ou *complément*. Il y a deux régimes, le direct et l'indirect.

Le régime *direct* achève de compléter la signification du verbe sans le secours d'aucun autre mot. On trouve le régime direct d'un verbe, en faisant après ce verbe la question *qui ?* pour les personnes, et *quoi ?* pour les choses. Exemples : *J'aime Dieu*, J'aime *qui ?* réponse : *Dieu*, voilà le régime ; *nous détestons le vice.* Nous détestons *quoi ? le vice.*

Le régime *indirect* est le mot qui reçoit indirectement l'action du verbe ; ce régime est toujours précédé d'une préposition exprimée ou sous-entendue. Le régime indirect répond à l'une des questions à qui ? de qui ? par qui ? avec qui ? pour qui ? etc. pour les personnes, et à l'une de celles-ci, à quoi ? de quoi ? par quoi ? avec quoi ? pourquoi ? etc., pour les choses. Exemples : *Il plaît à mon frère.* Il plaît à qui ? *à mon frère. Nous nous livrons à l'étude.* Nous nous livrons à quoi ? *à l'étude. A mon frère, à l'étude*, sont des compléments indirects.

Remarque. Lorsque le régime direct ou indirect précède le verbe, il est exprimé par un pronom. Exemples : Il *m'*honore, c'est-à-dire il honore *moi* ; il *me* plaît, c'est-à-dire il plaît *à moi.*

QUESTIONNAIRE.

Qu'est-ce que le verbe? — Le verbe *être* est-il exprimé ou sous-entendu dans toutes les propositions? — Sous quelle dénomination générale désigne-t-on les verbes actifs, passifs, neutres, pronominaux et unipersonnels? — Quelles sont les modifications du verbe? — Qu'est-ce que le nombre, la personne, le mode et le temps? — Qu'appelle-t-on mode personnel et impersonnel? — Que nomme-t-on temps simples et temps composés? — Qu'est-ce que le sujet d'un verbe? — Qu'appelle-t-on régime? — Comment trouve-t-on le régime direct et le régime indirect? — Quel mot représente le régime, lorsqu'il est placé devant le verbe?

Des conjugaisons.

On appelle *conjugaison* les diverses inflexions de modes, de temps, de nombre et de personnes qui composent un verbe. Conjuguer, c'est réciter ces différentes modifications.

Les conjugaisons se distinguent par la terminaison du présent de l'infinitif. D'après cette définition, il y a quatre classes de verbes :

La première a le présent de l'infinitif en *er*, comme *chanter*; la deuxième en *ir*, comme *frémir*; la troisième en *oir*, comme *recevoir*; la quatrième en *re*, comme *lire*.

Des verbes auxiliaires.

Le verbe *être* et le verbe *avoir* sont appelés auxiliaires lorsqu'ils servent à conjuguer les autres verbes dans leurs temps composés, comme il *est* parti, il *a* chanté. Ces verbes ne sont plus auxiliaires, s'ils sont employés seuls, ainsi qu'on le voit dans les exemples suivants : La vertu *est* le trésor de l'âme; il *a* le savoir en partage.

Quant aux verbes adjectifs, que nous avons déjà définis, nous en ferons connaître les différences, en nous occupant de ce qu'il y a de particulier à chacun de ces verbes.

CONJUGAISON DU VERBE ABSTRAIT ÊTRE.

MODE INDICATIF.

Présent.

Je suis.
Tu es.
Il est.
Nous sommes.
Vous êtes.
Ils sont.

Imparfait.

J'étais.
Tu étais.
Il était.
Nous étions.
Vous étiez.
Ils étaient.

Prétérit défini.

Je fus.
Tu fus.
Il fut.
Nous fûmes.
Vous fûtes.
Ils furent.

Prétérit indéfini.

J'ai été.
Tu as été.
Il a été.
Nous avons été.
Vous avez été.
Ils ont été.

Prétérit antérieur.

J'eus été.
Tu eus été.
Il eut été.
Nous eûmes été.
Vous eûtes été.
Ils eurent été.

Plus-que-parfait.

J'avais été.
Tu avais été.
Il avait été.
Nous avions été.
Vous aviez été.
Ils avaient été.

Futur.

Je serai.
Tu seras.
Il sera.
Nous serons.
Vous serez.
Ils seront.

Futur antérieur ou passé.

J'aurai été.
Tu auras été.
Il aura été.
Nous aurons été.
Vous aurez été.
Ils auront été.

MODE CONDITIONNEL.

Présent.

Je serais.
Tu serais.
Il serait.
Nous serions.
Vous seriez.
Ils seraient.

Passé.

J'aurais été.
Tu aurais été.
Il aurait été.
Nous aurions été.
Vous auriez été.
Ils auraient été.

MODE IMPÉRATIF.

Sois.
Soyons.
Soyez.

MODE SUBJONCTIF.

Présent.

Que je sois.
Que tu sois.
Qu'il soit.
Que nous soyons.
Que vous soyez.
Qu'ils soient.

Imparfait.

Que je fusse.
Que tu fusses.
Qu'il fût.
Que nous fussions.
Que vous fussiez.
Qu'ils fussent.

Parfait.

Que j'aie été.
Que tu aies été.
Qu'il ait été.
Que nous ayons été.
Que vous ayez été.
Qu'ils aient été.

Plus-que-parfait.

Que j'eusse été.
Que tu eusses été.
Qu'il eût été.
Que nous eussions été.
Que vous eussiez été.
Qu'ils eussent été.

MODE INFINITIF.

Présent.

Être.

Passé.

Avoir été.

Participe présent.

Étant.

Participe passé.

Été, ayant été.

Il faut remarquer que les temps composés de ce verbe se construisent avec le verbe *avoir*.

CONJUGAISON DU VERBE AVOIR.

Le verbe *avoir* n'est employé comme auxiliaire que dans une partie de ses temps; le verbe *être* l'est dans tous ses temps lorsqu'il s'agit de verbes passifs.

MODE INDICATIF.

Présent.

J'ai.
Tu as.
Il a.
Nous avons.
Vous avez.
Ils ont.

Imparfait.

J'avais.
Tu avais.
Il avait.
Nous avions.
Vous aviez.
Ils avaient.

Prétérit défini.

J'eus.
Tu eus.
Il eut.
Nous eûmes.
Vous eûtes.
Ils eurent.

Prétérit indéfini.

J'ai eu.
Tu as eu.
Il a eu.
Nous avons eu.
Vous avez eu.
Ils ont eu.

Prétérit antérieur.

J'eus eu.
Tu eus eu.
Il eut eu.
Nous eûmes eu.
Vous eûtes eu.
Ils eurent eu.

Plus-que-parfait.

J'avais eu.
Tu avais eu.
Il avait eu.
Nous avions eu.
Vous aviez eu.
Ils avaient eu.

Futur.

J'aurai.
Tu auras.
Il aura.
Nous aurons.
Vous aurez.
Ils auront.

Futur passé.

J'aurai eu.
Tu auras eu.
Il aura eu.
Nous aurons eu.
Vous aurez eu.
Ils auront eu.

MODE CONDITIONNEL.

Présent.

J'aurais.
Tu aurais.
Il aurait.
Nous aurions.
Vous auriez.
Ils auraient.

Passé.

J'aurais eu.
Tu aurais eu.
Il aurait eu.
Nous aurions eu.
Vous auriez eu.
Ils auraient eu.

MODE IMPÉRATIF.

Aie.
Ayons.
Ayez.

MODE SUBJONCTIF.

Présent.

Que j'aie.
Que tu aies.
Qu'il ait.
Que nous ayons.
Que vous ayez.
Qu'ils aient.

Imparfait.

Que j'eusse.
Que tu eusses.
Qu'il eût.
Que nous eussions.
Que vous eussiez.
Qu'ils eussent.

VERBE.

Parfait.

Que j'aie eu.
Que tu aies eu.
Qu'il ait eu.
Que nous ayons eu.
Que vous ayez eu.
Qu'ils aient eu.

Plus-que-parfait.

Que j'eusse eu.
Que tu eusses eu.
Qu'il eût eu.
Que nous eussions eu.
Que vous eussiez eu.
Qu'ils eussent eu.

MODE INFINITIF.

Présent.

Avoir.

Passé.

Avoir eu.

Participe présent.

Ayant.

Participe passé.

u, eue, ayant eu.

Il est utile de remarquer que le verbe *avoir* se sert d'auxiliaire à lui-même dans les temps composés.

Des verbes adjectifs.

Il y a cinq espèces de verbes adjectifs ou attributifs, savoir : les verbes *actifs*, les verbes *passifs*, les verbes *neutres*, les verbes *pronominaux*, et les verbes *unipersonnels* ou *impersonnels*.

Verbes actifs.

Les verbes actifs sont ainsi appelés parce qu'ils expriment une action faite par le sujet et qu'ils ont un régime direct. Il est facile de reconnaître un verbe actif ; on n'a qu'à voir si on peut placer après lui un complément direct. Exemple : *J'aime, je lis,* sont des verbes actifs, car on peut dire : J'aime *la vertu,* je lis *la grammaire.* Quelques grammairiens appellent ces verbes *transitifs,* parce que l'action passe directement sur un autre objet qui en est le complément.

Les verbes actifs sont quelquefois employés d'une manière intransitive, comme dans ces exemples : Insulter *à la misère publique,* manquer *à ses devoirs.*

On doit aussi remarquer que le régime direct peut être sous-entendu et qu'on pourrait croire le verbe intransitif, lorsqu'il est véritablement actif. Exemple :

Il faut que le riche donne aux pauvres ; c'est-à-dire donne quelques secours aux pauvres.

Les verbes actifs ou transitifs se conjuguent dans les temps composés avec l'auxiliaire *avoir*.

PREMIÈRE CONJUGAISON EN *ER*.

MODE INDICATIF.

Présent.

Je chante.
Tu chantes.
Il chante.
Nous chantons.
Vous chantez.
Ils chantent.

Imparfait.

Je chantais.
Tu chantais.
Il chantait.
Nous chantions.
Vous chantiez.
Ils chantaient.

Prétérit défini.

Je chantai.
Tu chantas.
Il chanta.
Nous chantâmes.
Vous chantâtes.
Ils chantèrent.

Prétérit indéfini.

J'ai chanté.
Tu as chanté.
Il a chanté.
Nous avons chanté.
Vous avez chanté.
Ils ont chanté.

Prétérit antérieur.

J'eus chanté.
Tu eus chanté.
Il eut chanté.

Nous eûmes chanté.
Vous eûtes chanté.
Ils eurent chanté.

Plus-que-parfait.

J'avais chanté.
Tu avais chanté.
Il avait chanté.
Nous avions chanté.
Vous aviez chanté.
Ils avaient chanté.

Futur.

Je chanterai.
Tu chanteras.
Il chantera.
Nous chanterons.
Vous chanterez.
Ils chanteront.

Futur antérieur.

J'aurai chanté.
Tu auras chanté.
Il aura chanté.
Nous aurons chanté.
Vous aurez chanté.
Ils auront chanté.

MODE CONDITIONNEL.

Présent.

Je chanterais.
Tu chanterais.
Il chanterait.
Nous chanterions.
Vous chanteriez.
Ils chanteraient.

VERBE.

Passé.

J'aurais chanté.
Tu aurais chanté.
Il aurait chanté.
Nous aurions chanté.
Vous auriez chanté.
Ils auraient chanté.

On dit aussi :
J'eusse chanté.
Tu eusses chanté.
Il eût chanté.
Nous eussions chanté.
Vous eussiez chanté.
Ils eussent chanté.

MODE IMPÉRATIF.

Chante.
Chantons.
Chantez.

MODE SUBJONCTIF.

Présent.

Que je chante.
Que tu chantes.
Qu'il chante.
Que nous chantions.
Que vous chantiez.
Qu'ils chantent.

Imparfait.

Que je chantasse.
Que tu chantasses.
Qu'il chantât.
Que nous chantassions.
Que vous chantassiez.
Qu'ils chantassent.

Passé.

Que j'aie chanté.
Que tu aies chanté.
Qu'il ait chanté.
Que nous ayons chanté.
Que vous ayez chanté.
Qu'ils aient chanté.

Plus-que-parfait.

Que j'eusse chanté.
Que tu eusses chanté.
Qu'il eût chanté.
Que nous eussions chanté.
Que vous eussiez chanté.
Qu'ils eussent chanté.

MODE INFINITIF.

Présent.

Chanter.

Passé.

Avoir chanté.

Participe présent.

Chantant.

Participe passé.

Chanté, chantée, ayant chanté.

Conjuguez de même *aimer, donner, sauter, porter, aborder, former, flatter, inventer, dédaigner, danser, autoriser*, etc.

QUESTIONNAIRE.

Qu'appelle-t-on conjugaison? — Qu'est-ce que conjuguer? — Comment distingue-t-on les conjugaisons, et combien y en a-t-il? — Quels sont les verbes qu'on nomme auxiliaires? — Ces verbes sont-ils toujours auxiliaires? — Avec quel auxiliaire se conjugue le verbe *être* dans ses temps composés? — Le verbe *avoir* est-il employé comme auxiliaire dans tous ses temps? — Avec quel verbe se conjugue le verbe *avoir* dans ses temps composés? — Quels sont les verbes qu'on nomme adjectifs et combien y en a-t-il d'espèces? — Qu'est-ce que le verbe actif ou transitif? — Comment connaît-on qu'un verbe est actif? — Ces verbes sont-ils toujours employés d'une manière active? — Le régime direct est-il quelquefois sous-entendu? — Avec quel auxiliaire se conjuguent les verbes actifs?

Remarques sur les verbes de la première conjugaison.

Il y a des observations importantes à faire sur certains verbes de la première conjugaison.

1° Les verbes terminés à l'infinitif par *eler* ou *eter*, doublent les consonnes *l* et *t* devant un *e* muet, comme je *nivelle*, il *jette*, j'*appellerai;* mais on écrira avec un seul *l* ou un seul *t* nous *nivelons*, vous *jetez*, il *appelait*. Les verbes suivants sont soumis à la même règle: *Amonceler, atteler, bourreler, chanceler, ciseler, épeler, étinceler, renouveler, cacheter, empaqueter, décacheter, feuilleter, jeter, fureter, souffleter, projeter, rejeter*, etc. Excepté: *geler, harceler, peler, celer*, qui font *gèle*, etc., avec l'*e* ouvert; et *acheter, crocheter, épousseter, étiqueter, becqueter*, qui font *achète, crochète*, etc.

2° Les verbes dont le participe présent est terminé en *iant*, comme *liant, priant, décriant*, s'écrivent avec deux *i* à la première et à la seconde personne du pluriel de l'imparfait de l'indicatif et du présent du subjonctif: nous *liions*, vous *priiez;* que nous *niions*, que vous *niiez*. Suivent la même règle les verbes *certifier, initier, sacrifier, vérifier, bonifier, associer, allier, apprécier, amplifier, gratifier, expier, étudier, dédier, colorier, décrier, remercier, plier, négocier, lier, vérifier, terrifier, varier, simplifier, supplier*.

3° Dans les verbes dont la terminaison de l'infinitif est en *ger*, un *e* doit être placé après le *g*, devant les voyelles *a* et *o*. Exemples: *changea, rangea, obligea*, etc. Ainsi se conjuguent: *juger, charger, arranger, manger, purger, ronger, plonger, venger, songer*, etc.

4° Les verbes dont l'infinitif est en *cer* exigent une cédille sous le *ç* devant les voyelles *a* et *o* : il *commença*, nous *menaçons*. Suivent la même règle les verbes *ensemencer, balancer, forcer, amorcer, avancer, gercer, glacer, influencer, lancer, tracer, sucer, pincer*, etc.

5° Les verbes qui ont l'infinitif en *er* comme *modérer, opérer*, changent l'*e* fermé qui précède en *e* ouvert, devant une syllabe muette : *excéder*, j'*excède ; modérer*, je *modère*. Conjuguez de la même manière : *digérer, empiéter, opérer, modérer, inquiéter, espérer, régner, révéler, préférer*, etc.

6° Les verbes qui sont terminés comme *délayer, déployer, effrayer*, etc., prennent un *y* et un *i* à la première et à la seconde personne plurielle de l'imparfait de l'indicatif et du présent du subjonctif : nous *déployions*, vous *délayiez ;* que nous *effrayions*, que vous *effrayiez*. Sont soumis à la même règle les verbes *noyer, nettoyer, louvoyer, grasseyer essuyer, essayer, tutoyer, rudoyer, rayer, octroyer, ennuyer, employer, effrayer, déployer, défrayer, déblayer, coudoyer, côtoyer, balayer, choyer, bégayer*, etc.

7° Les verbes qui à l'infinitif sont terminés en *éer*, prennent deux *e* de suite au futur absolu, au présent de l'indicatif, au conditionnel présent, à l'impératif, au présent du subjonctif et au participe passé masculin, j'*agrée*, tu *crées*, etc. Suivent la même regle les verbes *récréer, suppléer, agréer, créer*, etc.

SECONDE CONJUGAISON EN *IR*.

MODE INDICATIF.

Présent.

Je punis.
Tu punis.
Il punit.
Nous punissons.
Vous punissez.
Ils punissent.

Imparfait.

Je punissais.
Tu punissais.
Il punissait.
Nous punissions.
Vous punissiez.
Ils punissaient.

Prétérit défini.

Je punis.
Tu punis.
Il punit.
Nous punîmes.
Vous punîtes.
Ils punirent.

Prétérit indéfini.

J'ai puni.
Tu as puni.
Il a puni.
Nous avons puni.
Vous avez puni.
Ils ont puni.

Prétérit antérieur.

J'eus puni.
Tu eus puni.
Il eut puni.
Nous eûmes puni.
Vous eûtes puni.
Ils eurent puni.

Plus-que-parfait.

J'avais puni.
Tu avais puni.
Il avait puni.
Nous avions puni.
Vous aviez puni.
Ils avaient puni.

Futur.

Je punirai.
Tu puniras.
Il punira.
Nous punirons.
Vous punirez.
Ils puniront.

Futur antérieur.

J'aurai puni.
Tu auras puni.
Il aura puni.
Nous aurons puni.
Vous aurez puni.
Ils auront puni.

MODE CONDITIONNEL.

Présent.

Je punirais.
Tu punirais.
Il punirait.
Nous punirions.
Vous puniriez.
Ils puniraient.

Passé.

J'aurais puni.
Tu aurais puni.
Il aurait puni.
Nous aurions puni.
Vous auriez puni.
Ils auraient puni.

On dit aussi :

J'eusse puni.
Tu eusses puni.
Il eût puni.
Nous eussions puni.
Vous eussiez puni.
Ils eussent puni.

MODE IMPÉRATIF.

Punis.
Punissons.
Punissez.

MODE SUBJONCTIF.

Présent.

Que je punisse.
Que tu punisses.
Qu'il punisse.
Que nous punissions.
Que vous punissiez.
Qu'ils punissent.

Imparfait.

Que je punisse.
Que tu punisses.
Qu'il punît.
Que nous punissions.
Que vous punissiez.
Qu'ils punissent.

Prétérit.

Que j'aie puni.
Que tu aies puni.
Qu'il ait puni.
Que nous ayons puni.
Que vous ayez puni.
Qu'ils aient puni.

Plus-que-parfait.

Que j'eusse puni.
Que tu eusses puni.
Qu'il eût puni.
Que nous eussions puni.
Que vous eussiez puni.
Qu'ils eussent puni.

MODE INFINITIF.

Présent.

Punir.

Passé.

Avoir puni.

Participe présent.

Punissant.

Participe passé.

Puni, punie.
Ayant puni.

Conjuguez de la même manière *finir, guérir, avertir, ensevelir, enrichir, adoucir, tenir, unir, embellir*; etc.

Remarques sur les verbes de la seconde conjugaison.

1° Le verbe *haïr* s'écrit dans toute la conjugaison avec deux points sur l'*i* ; il faut cependant excepter les trois personnes du singulier du présent de l'indicatif : je *hais*, tu *hais*, il *hait;* ainsi que la seconde personne du singulier de l'impératif : *hais*.

2° *Fleurir;* lorsque ce verbe est pris au figuré et qu'il signifie prospérer, il fait *florissant* au participe présent, et *florissait* à l'imparfait de l'indicatif. Sous le règne de Louis XIV *florissaient* les sciences et les arts.

3° *Bénir* est un verbe qui a deux participes. Lorsqu'il signifie consacrer une chose par une cérémonie religieuse, il fait *bénit, bénite;* on dit du pain *bénit*, de l'eau *bénite*. Dans toutes les autres significations on dit béni, bénie : homme *béni* de Dieu, famille *bénie*.

TROISIÈME CONJUGAISON EN *OIR*.

MODE INDICATIF.

Présent.

Je conçois.
Tu conçois.
Il conçoit.
Nous concevons.
Vous concevez.
Ils conçoivent.

Imparfait.

Je concevais.
Tu concevais.
Il concevait.
Nous concevions.
Vous conceviez.
Ils concevaient.

Prétérit défini.

Je conçus.
Tu conçus.
Il conçut.
Nous conçûmes.
Vous conçûtes.
Ils conçurent.

Prétérit indéfini.

J'ai conçu.
Tu as conçu.
Il a conçu.
Nous avons conçu.
Vous avez conçu.
Ils ont conçu.

Prétérit antérieur.

J'eus conçu.
Tu eus conçu.
Il eut conçu.
Nous eûmes conçu.
Vous eûtes conçu.
Ils eurent conçu.

Plus-que-parfait.

J'avais conçu.
Tu avais conçu.
Il avait conçu.
Nous avions conçu.
Vous aviez conçu.
Ils avaient conçu.

Futur.

Je concevrai.
Tu concevras.
Il concevra.
Nous concevrons.
Vous concevrez.
Ils concevront.

Futur antérieur.

J'aurai conçu.
Tu auras conçu.
Il aura conçu.
Nous aurons conçu.
Vous aurez conçu.
Ils auront conçu.

MODE CONDITIONNEL.

Présent.

Je concevrais.
Tu concevrais.
Il concevrait.
Nous concevrions.
Vous concevriez.
Ils concevraient.

Passé.

J'aurais conçu.
Tu aurais conçu.
Il aurait conçu.
Nous aurions conçu.
Vous auriez conçu.
Ils auraient conçu.

On dit aussi :

J'eusse conçu.
Tu eusses conçu.
Il eût conçu.
Nous eussions conçu.
Vous eussiez conçu.
Ils eussent conçu.

MODE IMPÉRATIF.

Conçois.
Concevons.
Concevez.

MODE SUBJONCTIF.

Présent.

Que je conçoive.
Que tu conçoives.
Qu'il conçoive.
Que nous concevions.
Que vous conceviez.
Qu'ils conçoivent.

Imparfait.

Que je conçusse.
Que tu conçusses.
Qu'il conçût.
Que nous conçussions.
Que vous conçussiez.
Qu'ils conçussent.

Prétérit.

Que j'aie conçu.
Que tu aies conçu.
Qu'il ait conçu.
Que nous ayons conçu.
Que vous ayez conçu.
Qu'ils aient conçu.

Plus-que-parfait.

Que j'eusse conçu.
Que tu eusses conçu.
Qu'il eût conçu.
Que nous eussions conçu.
Que vous eussiez conçu.
Qu'ils eussent conçu.

MODE INFINITIF.

Présent.

Concevoir.

Passé.

Avoir conçu.

Participe présent.

Concevant.

Passé.

Conçu, conçue.
Ayant conçu.

Ainsi se conjuguent les verbes *devoir, recevoir, redevoir, percevoir, apercevoir.*

Remarques sur les verbes de la troisième conjugaison.

1° Les verbes *devoir* et *mouvoir* reçoivent un accent circonflexe au participe masculin singulier : *dû, mû.*

2° Les verbes *voir, mouvoir, savoir*, se conjuguant irrégulièrement, nous en parlerons lorsque nous nous occuperons des verbes irréguliers.

QUESTIONNAIRE.

Quelle remarque y a-t-il à faire sur l'orthographe des verbes terminés à l'infinitif par *eler* ou *eter* ? — Comment écrit-on la première et la seconde personne du pluriel de l'imparfait de l'indicatif et du présent du subjonctif, des verbes dont le participe présent est terminé en *iant*? — Quelle observation y a-t-il à faire sur les verbes dont l'infinitif est en *ger*? — Les verbes dont l'infinitif est en *cer*, exigent-ils une cédille sous le *c* devant les voyelles *a* et *o*? — Quelles sont les autres observations qu'il y a à faire sur les verbes de la première conjugaison ? — Indiquez les remarques qu'il est utile de faire sur les verbes de la seconde et de la troisième conjugaison.

QUATRIÈME CONJUGAISON EN *RE*.

MODE INDICATIF.

Présent.

Je défends.
Tu défends.
Il défend.
Nous défendons.
Vous défendez.
Ils défendent.

Imparfait.

Je défendais.
Tu défendais.
Il défendait.
Nous défendions.
Vous défendiez.
Ils défendaient.

Prétérit défini.

Je défendis.
Tu défendis.
Il défendit.
Nous défendîmes.
Vous défendîtes.
Ils défendirent.

Prétérit indéfini.

J'ai défendu.
Tu as défendu.
Il a défendu.
Nous avons défendu.
Vous avez défendu.
Ils ont défendu.

Prétérit antérieur.

J'eus défendu.
Tu eus défendu.
Il eut défendu.
Nous eûmes défendu.
Vous eûtes défendu.
Ils eurent défendu.

Plus-que-parfait.

J'avais défendu.
Tu avais défendu.
Il avait défendu.
Nous avions défendu.
Vous aviez défendu.
Ils avaient défendu.

Futur.

Je défendrai.
Tu défendras.
Il défendra.
Nous défendrons.
Vous défendrez.
Ils défendront.

Futur antérieur.

J'aurai défendu.
Tu auras défendu.
Il aura défendu.
Nous aurons défendu.
Vous aurez défendu.
Ils auront défendu.

MODE CONDITIONNEL.

Présent.

Je défendrais.
Tu défendrais.
Il défendrait.
Nous défendrions.
Vous défendriez.
Ils défendraient.

Passé.

J'aurais défendu.
Tu aurais défendu.
Il aurait défendu.
Nous aurions défendu.
Vous auriez défendu.
Ils auraient défendu.

On dit aussi :

J'eusse défendu.
Tu eusses défendu.
Il eût défendu.
Nous eussions défendu.
Vous eussiez défendu.
Ils eussent défendu.

MODE IMPÉRATIF.

Défends.
Défendons.
Défendez.

MODE SUBJONCTIF.

Présent.

Que je défende.
Que tu défendes.
Qu'il défende.
Que nous défendions.
Que vous défendiez.
Qu'ils défendent.

Imparfait.

Que je défendisse.
Que tu défendisses.
Qu'il défendît.
Que nous défendissions.
Que vous défendissiez.
Qu'ils défendissent.

Prétérit.

Que j'aie défendu.
Que tu aies défendu.
Qu'il ait défendu.
Que nous ayons défendu.
Que vous ayez défendu.
Qu'ils aient défendu.

Plus-que-parfait.

Que j'eusse défendu.
Que tu eusses défendu.
Qu'il eût défendu.
Que nous eussions défendu.
Que vous eussiez défendu.
Qu'ils eussent défendu.

MODE INFINITIF.

Présent.

Défendre.

Passé.

Avoir défendu.

Participe présent.

Défendant.

Participe passé.

Défendu, défendue.
Ayant défendu.

Les verbes suivants se conjuguent de la même manière : *suspendre, vendre, rendre, attendre, confondre, répandre, répondre, tordre, tendre*, etc.

Remarques sur certains verbes de la quatrième conjugaison.

Parmi les verbes terminés en *dre*, plusieurs remplacent, aux trois personnes du singulier, *ds, ds, d*, par *s, t : je joins, tu joins, il joint*.

De la formation des temps.

Les temps des verbes se divisent en temps *primitifs* et en temps *dérivés*.

On appelle temps *primitifs* ceux qui servent à former les autres dans les quatre conjugaisons. Les temps *dérivés* sont ceux qui sont formés des *primitifs*.

Il y a cinq temps primitifs :
Le présent de l'*indicatif* ;
Le prétérit *défini* ;
Le présent de l'*infinitif* ;
Le *participe présent* ;
Et *le participe passé*.

Du présent de l'indicatif.

Ce temps sert à former *l'impératif* en supprimant les pronoms : *tu, nous, vous ;* dans les verbes de la première conjugaison on retranche aussi le *s* qui termine la seconde personne du singulier. Exemples : *tu aimes*, impératif *aime* ; *nous aimons, aimons ; vous aimez, aimez ; tu punis, punis ; nous punissons, punissons ; vous punissez, punissez*, etc.

Du prétérit défini.

On forme *l'imparfait du subjonctif*, en changeant *ai* en *asse*, pour la première conjugaison, et en ajoutant *se* pour les trois autres : *j'aimai, que j'aimasse ; je punis, que je punisse; je conçus, que je conçusse; je défendis, que je défendisse.*

Du présent de l'infinitif.

Le présent de l'infinitif sert à former deux temps : le *futur* en changeant *r*, *re* ou *oir* en *rai* ; *charmer, je charmerai; punir, je punirai; concevoir, je concevrai.*

L'infinitif forme aussi le conditionnel présent, en remplaçant *r*, *re* ou *oir* par *rais*; exemples : *chanter, je chanterais; punir, je punirais; concevoir, je concevrais.*

Du participe présent.

Du participe présent se forment : 1° les trois personnes plurielles du présent de l'indicatif; il suffit de changer *ant* en *ons*, *ez*, *ent* : *parlant, nous parlons, vous parlez, ils parlent.*

2° L'*imparfait de l'indicatif*, en changeant *ant* en *ais* : *aimant, j'aimais; punissant, je punissais.*

3° Le *présent du subjonctif*, par le changement de *ant* en *e* : *chantant, que je chante; punissant, que je punisse.*

Du participe passé.

Tous les temps composés se forment du *participe passé*, au moyen des verbes *avoir* ou *être* : *j'ai aimé, je suis aimé; j'avais conçu, j'étais estimé.*

Des verbes irréguliers et des verbes défectifs.

Les verbes *irréguliers* sont ceux qui dans leur conjugaison, ou dans la formation de leurs temps, ne suivent pas les règles ordinaires.

Un verbe est souvent irrégulier dans ses temps primitifs et dans ses temps dérivés. Quoi qu'il en soit, tout verbe n'est irrégulier que dans ses temps simples.

Les verbes *défectifs* sont ainsi appelés parce qu'ils

sont incomplets ; c'est-à-dire qu'il leur manque certains temps ou certaines personnes que l'usage n'admet pas : tels sont *choir, férir, ouïr, pleuvoir*, etc.

Il faut remarquer que si un temps primitif manque, les temps dérivés, qui seraient formés de ce temps, manquent aussi. Nous indiquerons les exceptions à cette règle.

Verbes irréguliers [1].

PREMIÈRE CONJUGAISON.

ALLER.

Indicatif présent. *Je vais, tu vas, il va, nous allons, vous allez, ils vont.* — Prétérit défini. *J'allai.* — Futur. *J'irai, tu iras.* — Conditionnel. *J'irais, tu irais.* — Impératif. *Va, allons, allez.* — Subjonctif présent. *Que j'aille, que tu ailles, qu'il aille, que nous allions, que vous alliez, qu'ils aillent.* — Participe présent. *Allant.* — Participe passé. *Allé.*

ENVOYER.

Ind. prés. *J'envoie.* — Prét. déf. *J'envoyai.* — Futur. *J'enverrai, tu enverras.* — Cond. *J'enverrais, tu enverrais.* — Part. prés. *Envoyant.* — Part. passé. *Envoyé.*

DEUXIÈME CONJUGAISON.

ACQUÉRIR.

Ind. prés. *J'acquiers, tu acquiers, il acquiert, nous acquérons, vous acquérez, ils acquièrent.* — Prét. déf. *J'acquis.* — Futur. *J'acquerrai.* — Conditionnel. *J'acquerrais.* — Prés. du subj. *Que j'acquière, que tu acquières, qu'il acquière, que nous acquérions, que vous acquériez, qu'ils acquièrent.* — Part. prés. *Acquérant.* — Part. passé. *Acquis.*

BOUILLIR.

Ind. prés. *Je bous.* — Prét. déf. *Je bouillis.* — Part. prés. *Bouillant.* — Part passé. *Bouilli.*

COURIR.

Ind. prés. *Je cours.* — Prét. déf. *Je courus.* — Futur. *Je*

---

1. Les temps primitifs qui ne sont pas indiqués ne sont point admis par l'usage.

courrai. — Conditionnel. *Je courrais.* — Part. prés. *Courant.* — Part. passé. *Couru.*

CUEILLIR.

Ind. prés. *Je cueille.* — Prét. déf. *Je cueillis.* — Futur. *Je cueillerai.* — Cond. *Je cueillerais.* — Part. prés. *Cueillant.* — Part. passé. *Cueilli.*

MOURIR.

Ind. prés. *Je meurs.* — Prét. déf. *Je mourus.* — Futur. *Je mourrai.* — Cond. *Je mourrais.* — Prés. du subj. *Que je meure.* — Part. prés. *Mourant.* — Part. passé. *Mort.*

DORMIR.

Ind. prés. *Je dors.* — Prét. déf. *Je dormis.* — Part. prés. *Dormant.* — Part. passé. *Dormi.*

VENIR.

Ind. prés. *Je viens.* — Prét. déf. *Je vins.* — Futur. *Je viendrai, tu viendras.* — Cond. *Je viendrais, tu viendrais.* — Subj. prés. *Que je vienne, que tu viennes, que nous venions, que vous veniez, qu'ils viennent.* — Part. prés. *Venant.* — Part. passé. *Venu.*

VÊTIR.

Ind. prés. *Je vêts.* — Prét. déf. *Je vêtis.* — Part. prés. *Vêtant.* — Part. passé. *Vêtu.*

FAILLIR.

Ind. prés. *Je faux.* — Prét. déf. *Je faillis.* — Part. prés. *Faillant.* — Part. passé. *Failli.*

MENTIR.

Ind. prés. *Je mens.* — Prét. déf. *Je mentis.* — Part. prés. *Mentant.* — Part. passé. *Menti.*

OFFRIR.

Ind. prés. *J'offre.* — Prét. déf. *J'offris.* — Part. prés. *Offrant.* — Part. passé. *Offert.*

SENTIR.

Ind. prés. *Je sens.* — Prét. déf. *Je sentis.* — Part. prés. *Sentant.* — Part. passé. *Senti.*

TROISIÈME CONJUGAISON.

Mouvoir.

Ind. prés. *Je meus, tu meus, il meut, nous mouvons, vous mouvez, ils meuvent.* — Prét. déf. *Je mus.* — Part. prés. *Mouvant.* — Part. passé. *Mû.*

Voir.

Ind. prés. *Je vois.* — Prét. déf. *Je vis.* — Futur. *Je verrai, tu verras, il verra, nous verrons, vous verrez, ils verront.* — Cond. *Je verrais, tu verrais,* etc. — Part. prés. *Voyant.* — Part. passé. *Vu.*

Déchoir.

Ind. prés. *Je déchois.* — Prét. déf. *Je déchus.* — Futur. *Je décherrai, tu décherras,* etc. — Cond. prés. *Je décherrais, tu décherrais.* — Part. passé. *Déchu.*

Échoir.

Ind. prés. *J'échois.* — Prét. déf. *J'échus.* — Futur. *J'écherrai, tu écherras,* etc. — Cond. *J'écherrais, tu écherrais,* etc. — Part. prés. *Echéant.* — Part. passé. *Echu.*

Falloir.

Ind. prés. *Il faut.* — Prét. déf. *Il fallut.* — Futur. *Il faudra.* — Cond. *Il faudrait.* — Prés. du subj. *Qu'il faille.* (Il n'y a point de participe présent.) — Part. passé. *Fallu.*

Pleuvoir.

Ind. prés. *Il pleut.* — Prét. déf. *Il plut.* — Part. prés. *Pleuvant.* — Part. passé. *Plu.*

Pourvoir.

Ind. prés. *Je pourvois.* — Prét. déf. *Je pourvus.* — Part. prés. *Pourvoyant.* — Part. passé. *Pourvu.*

Pouvoir.

Ind. prés. *Je peux* ou *je puis, tu peux, il peut, nous pouvons, vous pouvez, ils peuvent.* — Prét. déf. *Je pus.* — Futur. *Je pourrai.* — Cond. *Je pourrais.* — Prés. du subj. *Que je puisse.* — Part. prés. — *Pouvant.* — Part. passé. *Pu,* invariable.

S'ASSEOIR.

Ind. prés. *Je m'assieds, tu t'assieds, il s'assied, nous nous asseyons, vous vous asseyez, ils s'asseyent.* — Prét. déf. *Je m'assis.* — Futur. *Je m'assiérai, tu t'assiéras,* etc. On dit aussi : *Je m'asseierai, tu t'asseieras,* etc. — Cond. *Je m'assiérais, tu t'assiérais,* etc. On dit aussi : *Je m'asseierais, tu t'asseierais,* etc. — Part. prés. *S'asseyant.* — Part. passé. *Assis.*

PRÉVALOIR.

Ind. prés. *Je prévaux.* — Prét. déf. *Je prévalus.* — Part. prés. *Prévalant.* — Part. passé. *Prévalu.*

VALOIR.

Ind. prés. *Je vaux, tu vaux, il vaut, nous valons, vous valez, ils valent.* — Prét. déf. *Je valus.* — Futur. *Je vaudrai, tu vaudras,* etc. — Cond. *Je vaudrais, tu vaudrais,* etc. — Point d'impératif. — Subj. prés. *Que je vaille, que tu vailles, qu'il vaille, que nous valions, que vous valiez, qu'ils vaillent.* — Part. prés. *Valant.* — Part. passé. *Valu.*

SAVOIR.

Ind. prés. *Je sais, tu sais, il sait, nous savons, vous savez, ils savent.* — Imparfait de l'indicatif. *Je savais, tu savais, il savait,* etc. — Prét. déf. *Je sus.* — Futur. *Je saurai, tu sauras,* etc. — Cond. *Je saurais, tu saurais,* etc. — Impératif. *Sache, sachons, sachez.* — Part. prés. *Sachant.* — Part. passé. *Su.*

VOULOIR.

Ind. prés. *Je veux, tu veux, il veut, nous voulons, vous voulez, ils veulent.* — Prét. déf. *Je voulus.* — Futur. *Je voudrai, tu voudras,* etc. — Cond. *Je voudrais, tu voudrais,* etc. — Impératif. *Veuille, veuillez.* — Subj. prés. *Que je veuille, que tu veuilles, qu'il veuille, que nous voulions, que vous vouliez, qu'ils veuillent.* — Part. prés. *Voulant.* — Part. passé. *Voulu.*

QUATRIÈME CONJUGAISON.

DIRE.

Ind. prés. *Je dis, tu dis, il dit, nous disons, vous dites, ils disent.* — Prét. déf. *Je dis.* — Part. prés. *Disant.* — Part. passé. *Dit.*

Vivre.

Ind. prés. *Je vis, tu vis, il vit, nous vivons, vous vivez, ils vivent.* — Prét. déf. *Je vis.* — Part. prés. *Vivant.* — Part. passé. *Vécu.*

Vaincre.

Ind. prés. *Je vaincs, tu vaincs, il vainc, nous vainquons, vous vainquez, ils vainquent.* — Prét. déf. *Je vainquis.* — Part. prés. *Vainquant.* — Part. passé. *Vaincu.*

Absoudre.

Ind. prés. *J'absous.* — Part. prés. *Absolvant.* — Part. passé. *Absous* ; au féminin, *absoute.*

Boire.

Ind. prés. *Je bois, tu bois, il boit, nous buvons, vous buvez, ils boivent.* — Prét. déf. *Je bus.* — Part. prés. *Buvant.* — Part. passé. *Bu.*

Braire.

Ind. prés. *Il brait.* — Ce verbe n'est usité qu'à l'infinitif et aux troisièmes personnes du présent de l'indicatif, du futur et du conditionnel.

Circoncire.

Ind. prés. *Je circoncis.* — Prét. déf. *Je circoncis.* — Part. prés. *Circoncisant.* — Part. passé. *Circoncis.*

Conclure.

Ind. prés. *Je conclus.* — Prét. déf. *Je conclus.* — Part. prés. *Concluant.* — Part. passé. *Conclu.*

Confire.

Ind. prés. *Je confis.* — Prét. déf. *Je confis.* — Part. prés. *Confisant.* — Part. passé. *Confit.*

Coudre.

Ind. prés. *Je couds.* — Prét. déf. *Je cousis.* — Part. prés. *Cousant.* — Part. passé. *Cousu.*

Croire.

Ind. prés. *Je crois.* — Prét. déf. *Je crus.* — Part. prés. *Croyant.* — Part. passé. *Cru.*

Exclure.

Ind. prés. *J'exclus.* — Prét. déf. *J'exclus.* — Part. prés. *Excluant.* — Part. passé. *Exclu.*

Faire.

Ind. prés. *Je fais, tu fais, il fait, nous faisons, vous faites, ils font.* — Prés. déf. *Je fis.* — Futur. *Je ferai, tu feras,* etc. — Cond. *Je ferais, tu ferais,* etc. — Prés. du subj. *Que je fasse, que tu fasses,* etc. — Part. prés. *Faisant.* — Part. passé. *Fait.*

Joindre.

Ind. prés. *Je joins, tu joins, il joint,* etc. — Prét. déf. *Je joignis.* — Part. prés. *Joignant.* — Part. passé. *Joint.*

Maudire.

Ind. prés. *Je maudis, tu maudis, il maudit,* etc. — Prét. déf. *Je maudis.* — Part. prés. *Maudissant.* — Part. passé. *Maudit.*

Mettre.

Ind. prés. *Je mets, tu mets, il met,* etc. — Prét. déf. — *Je mis.* — Part. prés. *Mettant.* — Part. passé. *Mis.*

Moudre.

Ind. prés. *Je mouds.* — Prét. déf. *Je moulus.* — Part. prés. *Moulant.* — Part. passé. *Moulu.*

Naitre.

Ind. prés. *Je nais.* — Prét. déf. *Je naquis.* — Part. prés. *Naissant.* — Part. passé. *Né.*

Nuire.

Ind. prés. *Je nuis.* — Prét. déf. *Je nuisis.* — Part. prés. *Nuisant.* — Partic. passé. Ne s'emploie que dans la composition du prétérit indéfini, du plus-que-parf., du futur antér., du conditionnel passé, du plus-que-parf. du subj. avec l'auxiliaire *Avoir*; ainsi : j'ai *nui*, j'avais *nui*, etc.

Prendre.

Ind. prés. *Je prends, tu prends, il prend, nous prenons, vous prenez, ils prennent.* — Prét. déf. *Je pris.* — Prés. du subj. *Que je prenne, que tu prennes, qu'il prenne, que nous prenions, que vous preniez, qu'ils prennent.* — Part. prés. *Prenant.* — Part. passé. *Pris.*

RÉSOUDRE.

Ind. prés. *Je résous.* — Prét. déf. *Je résolus.* — Part. prés. *Résolvant.* — Part. passé. *Résous, résolu.*

ROMPRE.

Ind. prés. *Je romps.* — Prét. déf. *Je rompis.* — Part. prés. *Rompant.* — Part. passé. *Rompu.*

TRAIRE.

Ind. prés. *Je trais.* — Point de prétérit défini. — Part. prés. *Trayant.* — Part. passé. *Trait.*

QUESTIONNAIRE.

Quelle observation y a-t-il à faire sur certains verbes de la quatrième conjugaison? — Qu'appelle-t-on temps *primitifs* et temps *dérivés*? — Combien y a-t-il de temps primitifs? — Quel temps forme-t-on de l'indicatif présent? — De quel temps se forme l'imparfait du subjonctif? — Quels sont les temps que sert à former le présent de l'infinitif? — Le participe présent sert-il à former plusieurs temps? — De quel temps se forment les temps composés des verbes? — Qu'appelez-vous verbes *irréguliers* et verbes *défectifs*? — Quelles observations y a-t-il à faire sur les verbes irréguliers?

Des verbes passifs.

Les verbes passifs expriment une action reçue, soufferte par le sujet : ils n'ont point de régime direct, parce que l'action se porte directement sur le sujet. Tous les verbes actifs peuvent se tourner par le passif, en prenant le régime direct du verbe actif pour en faire le sujet du verbe passif. Exemples : *j'aime Dieu, j'admire la vertu;* en tournant ces propositions par le passif, on dira : *Dieu est aimé de moi, la vertu est admirée par moi.*

Les verbes passifs se conjuguent dans tous les temps avec l'auxiliaire *être*, et le participe passé d'un verbe actif. Ces verbes n'ayant qu'une seule conjugaison, nous nous bornerons à donner l'exemple suivant.

CONJUGAISON DU VERBE PASSIF ÊTRE CHARMÉ

MODE INDICATIF.

Présent.

Je suis charmé ou charmée.
Tu es charmé ou charmée.
Il ou elle est charmé ou charmée.
Nous sommes charmés ou charmées.
Vous êtes charmés ou charmées.
Ils ou elles sont charmés ou charmées.

Imparfait.

J'étais charmé ou charmée.
Tu étais charmé ou charmée.
Il ou elle était charmé ou charmée.
Nous étions charmés ou charmées.
Vous étiez charmés ou charmées.
Ils ou elles étaient charmés ou charmées.

Prétérit défini.

Je fus charmé ou charmée.
Tu fus charmé ou charmée.
Il ou elle fut charmé ou charmée.
Nous fûmes charmés ou charmées.
Vous fûtes charmés ou charmées.
Ils ou elles furent charmés ou charmées.

Prétérit indéfini.

J'ai été charmé ou charmée.
Tu as été charmé ou charmée.
Il ou elle a été charmé ou charmée.
Nous avons été charmés ou charmées.
Vous avez été charmés ou charmées.
Ils ou elles ont été charmés ou charmées.

Prétérit antérieur.

J'eus été charmé ou charmée.
Tu eus été charmé ou charmée.
Il ou elle eut été charmé ou charmée.
Nous eûmes été charmés ou charmées.
Vous eûtes été charmés ou charmées.
Ils ou elles eurent été charmés ou charmées.

Plus-que-parfait.

J'avais été charmé ou charmée.
Tu avais été charmé ou charmée.
Il ou elle avait été charmé ou charmée.
Nous avions été charmés ou charmées.
Vous aviez été charmés ou charmées.
Ils ou elles avaient été charmés ou charmées.

Futur.

Je serai charmé ou charmée.
Tu seras charmé ou charmée.
Il ou elle sera charmé ou charmée.
Nous serons charmés ou charmées.
Vous serez charmés ou charmées.
Ils ou elles seront charmés ou charmées.

Futur antérieur.

J'aurai été charmé ou charmée.
Tu auras été charmé ou charmée.
Il ou elle aura été charmé ou charmée.
Nous aurons été charmés ou charmées.
Vous aurez été charmés ou charmées.
Ils ou elles auront été charmés ou charmées.

MODE CONDITIONNEL.

Présent.

Je serais charmé ou charmée.
Tu serais charmé ou charmée.
Il ou elle serait charmé ou charmée.
Nous serions charmés ou charmées.
Vous seriez charmés ou charmées.
Ils ou elles seraient charmés ou charmées.

Passé.

J'aurais été charmé ou charmée.
Tu aurais été charmé ou charmée.
Il ou elle aurait été charmé ou charmée.
Nous aurions été charmés ou charmées.
Vous auriez été charmés ou charmées.
Ils ou elles auraient été charmés ou charmées.

On dit aussi :

J'eusse été charmé ou charmée.
Tu eusses été charmé ou charmée.
Il ou elle eût été charmé ou charmée.
Nous eussions été charmés ou charmées.
Vous eussiez été charmés ou charmées.
Ils ou elles eussent été charmés ou charmées.

MODE IMPÉRATIF.

Sois charmé ou charmée.
Soyons charmés ou charmées.
Soyez charmés ou charmées.

MODE SUBJONCTIF.

Présent.

Que je sois charmé ou charmée.
Que tu sois charmé ou charmée.
Qu'il ou qu'elle soit charmé ou charmée.
Que nous soyons charmés ou charmées.
Que vous soyez charmés ou charmées.
Qu'ils ou qu'elles soient charmés ou charmées.

Imparfait.

Que je fusse charmé ou charmée.
Que tu fusses charmé ou charmée
Qu'il ou qu'elle fût charmé ou charmée.
Que nous fussions charmés ou charmées.
Que vous fussiez charmés ou charmées.
Qu'ils ou qu'elles fussent charmés ou charmées.

Prétérit.

Que j'aie été charmé ou charmée.
Que tu aies été charmé ou charmée.
Qu'il ou qu'elle ait été charmé ou charmée.
Que nous ayons été charmés ou charmées.
Que vous ayez été charmés ou charmées.
Qu'ils ou qu'elles aient été charmés ou charmées.

Plus-que-parfait.

Que j'eusse été charmé ou charmé
Que tu eusses été charmé ou charmée.
Qu'il ou qu'elle eût été charmé ou charmée.

Que nous eussions été charmés ou charmées.
Que vous eussiez été charmés ou charmées.
Qu'ils ou qu'elles eussent été charmés ou charmées.

MODE INFINITIF.

Présent.

Etre charmé ou charmée.

Passé.

Avoir été charmé ou charmée.

Participe présent.

Etant charmé ou charmée.

Participe passé.

Ayant été charmé ou charmée.

Des verbes neutres.

Les verbes *neutres* sont ainsi appelés, parce qu'ils ne sont ni actifs ni passifs; on les a nommés aussi *intransitifs*, par la raison qu'ils ne peuvent avoir de régime direct.

Les verbes neutres n'ayant point de complément direct, on ne peut placer immédiatement après eux, *quelqu'un* ni *quelque chose*, ce qui les fait reconnaître facilement. On ne pourrait dire *je languis quelqu'un, je plais quelque chose.*

Parmi les verbes neutres, les uns prennent l'auxiliaire *avoir* dans les temps composés, comme *régner, languir;* d'autres l'auxiliaire *être*, comme *aller, venir.* Nous allons offrir pour modèle la conjugaison du verbe neutre *obéir.*

MODE INDICATIF.

Présent.	*Imparfait.*
J'obéis.	J'obéissais.
Tu obéis.	Tu obéissais.
Il obéit.	Il obéissait.
Nous obéissons.	Nous obéissions.
Vous obéissez.	Vous obéissiez.
Ils obéissent.	Ils obéissaient.

VERBE.

Prétérit défini.
J'obéis.
Tu obéis.
Il obéit.
Nous obéîmes.
Vous obéîtes.
Ils obéirent.

Prétérit indéfini.
J'ai obéi.
Tu as obéi.
Il a obéi.
Nous avons obéi.
Vous avez obéi.
Ils ont obéi.

Prétérit antérieur.
J'eus obéi.
Tu eus obéi.
Il eut obéi.
Nous eûmes obéi.
Vous eûtes obéi.
Ils eurent obéi.

Plus-que-parfait.
J'avais obéi.
Tu avais obéi.
Il avait obéi.
Nous avions obéi.
Vous aviez obéi.
Ils avaient obéi.

Futur.
J'obéirai.
Tu obéiras.
Il obéira.
Nous obéirons.
Vous obéirez.
Ils obéiront.

Futur antérieur.
J'aurai obéi.
Tu auras obéi.
Il aura obéi.
Nous aurons obéi.
Vous aurez obéi.
Ils auront obéi.

MODE CONDITIONNEL.

Présent.
J'obéirais.
Tu obéirais.
Il obéirait.
Nous obéirions.
Vous obéiriez.
Ils obéiraient.

Passé.
J'aurais obéi.
Tu aurais obéi.
Il aurait obéi.
Nous aurions obéi.
Vous auriez obéi.
Ils auraient obéi.

MODE IMPÉRATIF.

Obéis.
Obéissons.
Obéissez.

MODE SUBJONCTIF.

Présent.

Que j'obéisse.
Que tu obéisses.
Qu'il obéisse.
Que nous obéissions.
Que vous obéissiez.
Q'ils obéissent.

Imparfait.

Que j'obéisse.
Que tu obéisses.
Qu'il obéît.
Que nous obéissions.
Que vous obéissiez.
Qu'ils obéissent.

Prétérit.

Que j'aie obéi.
Que tu aies obéi.
Qu'il ait obéi.

Que nous ayons obéi.
Que vous ayez obéi.
Qu'ils aient obéi.

Plus-que-parfait.

Que j'eusse obéi.
Que tu eusses obéi.
Qu'il eût obéi.
Que nous eussions obéi.
Que vous eussiez obéi.
Qu'ils eussent obéi.

MODE INFINITIF.

Présent.

Obéir.

Passé.

Avoir obéi.

Participe présent.

Obéissant.

Participe passé.

Obéi, obéie, ayant obéi.

Des verbes pronominaux.

Les verbes *pronominaux* se conjuguent avec deux pronoms, comme *je me flatte, il se repent :* on désigne aussi ces verbes sous le nom de *réfléchis*, parce que l'action qu'ils expriment se réfléchit sur le sujet.

On divise les verbes pronominaux en *essentiels* et en *accidentels*. Les premiers ne peuvent se conjuguer qu'avec deux pronoms, comme *se repentir, s'emparer;* les autres sont des verbes actifs ou neutres qui ne sont employés qu'avec deux pronoms d'une manière accidentelle ; tels sont les verbes *se nuire, se battre.*

Les verbes pronominaux se conjuguent comme les verbes de la conjugaison à laquelle ils appartiennent; mais ils exigent deux pronoms de la même personne, comme *je me, tu te, il se.* Les temps composés de ces verbes se conjuguent avec l'auxiliaire *être*, et cet auxiliaire y est employé pour le verbe *avoir*. Exemples : *il s'est blessé*, c'est-à-dire *il a blessé lui ; ils se sont flattés*, pour *ils ont flatté eux.*

VERBE PRONOMINAL SE FLATTER.

MODE INDICATIF.

Présent.

Je me flatte.
Tu te flattes.
Il se flatte.
Nous nous flattons.
Vous vous flattez.
Ils se flattent.

Imparfait.

Je me flattais.
Tu te flattais.
Il se flattait.
Nous nous flattions.
Vous vous flattiez.
Ils se flattaient.

Prétérit défini.

Je me flattai.
Tu te flattas.
Il se flatta.
Nous nous flattâmes.
Vous vous flattâtes.
Ils se flattèrent.

Prétérit indéfini.

Je me suis flatté.
Tu t'es flatté.
Il s'est flatté.
Nous nous sommes flattés.
Vous vous êtes flattés.
Ils se sont flattés.

Prétérit antérieur.

Je me fus flatté.
Tu te fus flatté.
Il se fut flatté.
Nous nous fûmes flattés.
Vous vous fûtes flattés.
Ils se furent flattés.

Plus-que-parfait.

Je m'étais flatté.
Tu t'étais flatté.
Il s'était flatté.
Nous nous étions flattés.
Vous vous étiez flattés.
Ils s'étaient flattés.

Futur.

Je me flatterai.
Tu te flatteras.
Il se flattera.
Nous nous flatterons.
Vous vous flatterez.
Ils se flatteront.

Futur antérieur.

Je me serai flatté.
Tu te seras flatté.
Il se sera flatté.
Nous nous serons flattés.
Vous vous serez flattés.
Ils se seront flattés.

MODE CONDITIONNEL.

Présent.

Je me flatterais.
Tu te flatterais.
Il se flatterait.
Nous nous flatterions.
Vous vous flatteriez.
Ils se flatteraient.

Passé.

Je me serais flatté.
Tu te serais flatté.
Il se serait flatté.
Nous nous serions flattés.
Vous vous seriez flattés.
Ils se seraient flattés.

On dit aussi :

Je me fusse flatté.
Tu te fusses flatté.
Il se fût flatté.
Nous nous fussions flattés.
Vous vous fussiez flattés.
Ils se fussent flattés.

MODE IMPÉRATIF.

Flatte-toi.
Flattons-nous.
Flattez-vous.

MODE SUBJONCTIF.

Présent.

Que je me flatte.
Que tu te flattes.
Qu'il se flatte.
Que nous nous flattions.
Que vous vous flattiez.
Qu'ils se flattent.

Imparfait.

Que je me flattasse.
Que tu te flattasse.
Qu'il se flattât.

Que nous nous flattassions.
Que vous vous flattassiez.
Qu'ils se flattassent.

Prétérit.

Que je me sois flatté.
Que tu te sois flatté.
Qu'il se soit flatté.
Que nous nous soyons flattés.
Que vous vous soyez flattés.
Qu'ils se soient flattés.

Plus-que-parfait.

Que je me fusse flatté.
Que tu te fusses flatté.
Qu'il se fût flatté.

Que nous nous fussions flattés.
Que vous vous fussiez flattés.
Qu'ils se fussent flattés.

MODE INFINITIF.

Présent.

Se flatter.

Passé.

S'être flatté.

Participe présent.

Se flattant.

Participe passé.

S'étant flatté.

Des verbes unipersonnels.

Les verbes *unipersonnels*, ou *impersonnels*, sont ceux qui ne sont employés qu'à la troisième personne du singulier, comme *il faut, il pleut, il neige*, etc. Ces verbes se conjuguent selon les modèles que nous avons donnés pour les quatre conjugaisons.

Il est utile de remarquer qu'il y a des verbes unipersonnels qui ne sont impersonnels qu'accidentellement; dans ces verbes, le pronom *il* est indéterminé et ne désigne qu'une chose vague comme dans ceux qui sont essentiellement unipersonnels. *Il arrive, il convient, il y a*, etc., sont des verbes pris impersonnellement.

VERBE UNIPERSONNEL FALLOIR.

MODE INDICATIF.

Présent.

Il faut.

Imparfait.

Il fallait.

Prétérit défini.

Il fallut.

Prétérit indéfini.

Il a fallu.

Prétérit antérieur.

Il eut fallu.

Plus-que-parfait.

Il avait fallu.

Futur.	*Imparfait.*
Il faudra.	Qu'il fallût.
Futur antérieur.	*Prétérit.*
Il aura fallu.	Qu'il ait fallu.
MODE CONDITIONNEL.	*Plus-que-parfait.*
Présent.	Qu'il eût fallu.
Il faudrait.	
Passé.	MODE INFINITIF.
Il aurait fallu.	*Présent.*
(*Point d'impératif.*)	Falloir.
MODE SUBJONCTIF.	*Participe passé.*
Présent.	Ayant fallu.
Qu'il faille.	

QUESTIONNAIRE.

Qu'appelle-t-on verbes passifs ? — Comment tourne-t-on un verbe actif par le passif ? — Avec quel auxiliaire se conjuguent les verbes passifs ? — Qu'est-ce qu'un verbe neutre ? — Pourquoi nomme-t-on ces verbes intransitifs ? — Comment reconnaît-on qu'un verbe est neutre ? — Quel auxiliaire prennent les verbes neutres dans leurs temps composés ? — Quels sont les verbes qu'on nomme pronominaux ? — Avec quel auxiliaire se conjuguent les verbes pronominaux dans leurs temps composés ? — Qu'appelle-t-on verbes unipersonnels ou impersonnels ? — Comment se conjuguent ces verbes ? — Y a-t-il des verbes qui ne sont qu'accidentellement impersonnels ?

Du participe.

Le *participe* est ainsi appelé, parce qu'il participe du verbe et de l'adjectif. Il tient du verbe en ce qu'il en a la signification et le régime, *aimant l'étude, ayant chéri la gloire,* et de l'adjectif, comme qualifiant le mot auquel il se rapporte, *vieillard honoré, vertu éprouvée.*

On distingue deux espèces de participes : le *participe présent* et le *participe passé.*

Le *participe présent* exprime toujours un temps

présent relatif à une autre époque; exemple : *étant instruit, il aime, il aimera, il a aimé la lecture.* Ce participe est toujours terminé en *ant* et invariable. Il exprime aussi une action faite par le mot qu'il qualifie : *un homme obligeant, des enfants travaillant.*

Le *participe passé* est ainsi nommé, parce qu'il réveille l'idée d'un temps qui est passé, comme dans *j'ai chanté, j'avais reçu.* Ce participe est variable et peut s'accorder en genre et en nombre avec le substantif qu'il qualifie. Exemples : *le vice abhorré, la vertu chérie.*

Dans la syntaxe nous nous occuperons des règles des participes.

CHAPITRE VI.

DES MOTS INVARIABLES.

Il y a quatre espèces de mots qui sont invariables, ce sont : l'*adverbe*, la *préposition*, la *conjonction* et l'*interjection*.

De l'adverbe.

L'*adverbe* est ainsi appelé, parce qu'il se joint ordinairement au verbe. Il peut modifier aussi un adjectif, ou un autre adverbe.

L'adverbe ne peut avoir de régime; il le renferme en lui-même, car *travailler courageusement, lire lentement,* c'est comme si l'on disait *travailler avec courage, lire avec lenteur.*

Il y a plusieurs espèces d'adverbes; en voici le tableau.

ADVERBES DE TEMPS.

Hier, aujourd'hui, demain, autrefois, quelquefois, bientôt, souvent, jamais, toujours, tantôt, alors, dès lors, quand, jusqu'ici, etc.

ADVERBES D'ORDRE.

Premièrement, secondement, ensuite, d'abord, auparavant, enfin, etc.

DE LIEU.

Dessus, dessous, ailleurs, dedans, dehors, où, ici, là, deçà, delà, partout, loin, auprès, etc.

DE QUANTITÉ.

Beaucoup, peu, assez, trop, tant, presque, tout, signifiant entièrement.

D'AFFIRMATION.

Certes, vraiment, oui, volontiers, d'accord, etc.

DE NÉGATION.

Pas, point, non, ne.

DE COMPARAISON.

Plus, moins, aussi, autant, etc.

DE MANIÈRE.

Sagement, savamment, constamment, doucement, prudemment, etc.

EXPRESSIONS ADVERBIALES.

On appelle *adverbiales* certaines expressions composées d'une préposition et de son complément, comme, *à jamais, à la fois, à l'envi, à part, à présent, d'ordinaire, dès lors, en arrière, en vain, au plus, à loisir, tout à coup, tout d'un coup, coup sur coup, après coup, à coup sûr.*

Remarque. Ne confondez pas *où* et *y*, adverbes de lieu, avec *ou*, conjonction alternative, et *y*, pronom.

De la préposition.

La *préposition* est un mot qui exprime un rapport entre deux idées ou deux mots. Exemples : la maison *de* Pierre ; *de* désigne un rapport d'appartenance ; je marche *contre* l'ennemi : *contre* exprime un rapport d'opposition.

Les mots qui expriment les deux idées se nomment termes de rapport ; ainsi, dans le premier exemple, *maison* est le premier terme de rapport et *Pierre* est le second, ou le régime de la préposition *de*.

Quelquefois le premier terme de rapport se trouve placé après le second.

Exemple.

Sans attention nul progrès.

Analysez ainsi : *nul progrès*, premier terme de rapport ; *attention*, second terme de rapport. C'est-à-dire *nul progrès sans attention*.

Les prépositions marquent :
1° Le lieu, la situation, comme, *près, proche, vis-à-vis, sur, sous, chez, dans, parmi*, etc.
2° L'ordre, le rang : *avant, après, devant, derrière, entre*, etc.
3° L'union : *avec, outre, selon, suivant*.
4° La séparation, l'exclusion : *sans, hors, hormis, sauf*, etc.
5° Le temps : *dès, depuis, pendant*.
6° L'opposition : *contre, malgré, nonobstant*, etc.
7° Le but : *pour, à, envers*.
8° L'origine, la propriété, l'espèce : l'irréligion est la cause *de* beaucoup de crimes, la fortune *de* l'État, une flûte *de* cristal.
9° La cause, le moyen : *par, vu, attendu*.

EXPRESSIONS PRÉPOSITIVES.

Quant à, en faveur de, à l'égard de, jusqu'à, à la réserve de.

Remarque. Certains participes sont quelquefois employés comme prépositions ; tels sont : *durant, pendant, touchant, attendu, vu, excepté, supposé, concernant, moyennant*. Ces mots sont alors invariables.

De la conjonction.

La *conjonction* sert à lier une proposition à une autre proposition ; elle est souvent une expression elliptique.

Exemple.

L'harmonie des astres, les productions de la terre prouvent l'existence de Dieu, publient sa gloire.

Pour joindre les différentes parties de cette phrase, on emploie la conjonction *et ;* il faut dire : l'harmonie des astres *et* les productions de la terre prouvent l'existence de Dieu *et* publient sa gloire.

Il y a neuf espèces de conjonctions :
1° Les copulatives, qui sont : *et, ni, aussi, que,* etc.
2° Les adversatives : *mais, néanmoins, cependant.*
3° Les disjonctives, qui servent à séparer : *ou, soit,* etc.
4° Les explicatives : *savoir, de sorte que, ainsi que, de façon que,* etc.
5° Les circonstancielles : *tandis que, dès que, pendant que, tant que, avant que.*
6° Les conditionnelles : *lorsque, quand, si, à moins que, en cas que, pourvu que, à condition que, supposé que, sans quoi.*
7° Les causatives qui marquent la cause, le motif : *car, puisque, vu que, attendu que, parce que, pourquoi, afin de, afin que, de peur que.*
8° Les transitives : *or, donc, ainsi, en effet, par conséquent, au reste, aussi, encore, d'ailleurs, de plus,* etc.
9° Les augmentatives : *jusque, enfin, même.*

Les conjonctions sont encore divisées en *simples* et en *composées*. Les simples sont celles qui sont exprimées par un seul mot, comme, *et, ni, si, que,* etc. Les composées sont formées de plusieurs mots, telles sont celles-ci : *à moins que, soit que, pourvu que, tandis que,* etc. On appelle aussi ces dernières, *expressions conjonctives*.

De l'interjection.

L'*interjection*, appelée aussi *exclamation*, est un mot qui exprime les mouvements de l'âme.

Les interjections sont en petit nombre et rendent d'une manière subite et abrégée la surprise, la douleur, la joie, le remords, la pitié, l'indignation, l'effroi, etc.

Liste des principales interjections.

Ha! exprime la joie, la douleur, la colère, le remords, l'admiration.
O! exprime l'apostrophe.
Aïe! ou a<u>hi</u>! marque une douleur subite.
Oh! rend l'étonnement.
Eh! exprime l'admiration, la surprise.
Hé! sert principalement à appeler.
Holà! sert aussi à appeler.
Chut! commande le silence.
Hélas! exprime la douleur, la plainte, la commisération.
Fi..... marque le dégoût, l'indignation.

Il y a encore d'autres interjections : *quoi! peste! plaît-il! parbleu! paix! eh bien! eh quoi! hum! gare! ferme! ciel! courage! bon! bah! allons!* etc.

Il faut remarquer que toutes ces expressions équivalent à des propositions entières.

Après nous être occupé des différentes parties ou éléments du discours, nous parlerons de l'analyse.

QUESTIONNAIRE.

Qu'est-ce que le participe et combien y en a-t-il? — Faites connaître le participe présent et le participe passé. — Combien y a-t-il de mots invariables dans le discours? — Qu'appelez-vous adverbe? — Ce mot a-t-il un régime? — Quelles sont les différentes espèces d'adverbes? — Qu'est-ce que la préposition? — A-t-elle un régime? — Faites connaître les différentes espèces de prépositions?— Y a-t-il des participes qui soient employés d'une manière prépositive? — Que nommez-vous conjonction? — Quelle est son utilité dans le discours? — Combien y a-t-il d'espèces de conjonctions? — Qu'appelez-vous conjonctions simples et conjonctions composées? — Qu'est-ce que l'interjection? — Quelles sont les principales interjections?

CHAPITRE VII.

DE L'ANALYSE.

L'*analyse* est la décomposition de la phrase.

Il y a deux espèces d'analyse : l'*analyse grammaticale* et celle qu'on appelle *logique*.

L'*analyse grammaticale* est l'examen de tous les mots qui composent une phrase et des rapports qui les lient les uns aux autres.

L'*analyse logique* s'occupe moins des mots que des idées, et distingue dans une phrase ses différentes propositions : elle fait connaître dans chacune d'elles, le *sujet*, le *verbe*, l'*attribut* et les *compléments*.

ANALYSE DE LA PROPOSITION.

La *proposition* est l'expression d'un jugement. Le jugement est le rapport aperçu entre deux idées que l'on compare.

Toute proposition renferme trois termes essentiels exprimés ou sous-entendus : le *sujet*, le *verbe* et l'*attribut*. Indépendamment de ces mots, il y a souvent des compléments qui déterminent ou expliquent les termes principaux.

Le *sujet* est l'objet sur lequel on porte un jugement.

Le *verbe* est une des formes du verbe substantif *être*.

L'*attribut* exprime la qualité que l'on trouve convenir au sujet.

Exemple.

Aristide était vertueux.

Voilà une proposition dans laquelle *Aristide* est le sujet, *était* le verbe, et *vertueux* l'attribut.

Les trois termes essentiels qui composent une proposition ne sont pas toujours exprimés; quelquefois le sujet est sous-entendu, comme dans l'exemple suivant:

Soyez laborieux.

Dans cette proposition, le sujet *vous* n'est pas exprimé.

Le verbe et l'attribut sont souvent compris dans le même mot.

Je travaille.

C'est-à-dire *je suis travaillant.*

Un seul mot peut renfermer une proposition entière; exemple: *Aimez-vous la chasse?* — *Oui.* Le mot affirmatif *oui* signifie, *j'aime la chasse.*

On appelle *complément logique*, le mot qui achève d'expliquer tout ce qu'on veut dire du sujet ou de l'attribut.

Exemple.

L'homme juste est heureux.

Le mot *juste* est le complément qualificatif du sujet *homme.*

Dans cet autre exemple: *Le travail de l'esprit développe l'intelligence, de l'esprit* complète l'idée de *travail, l'intelligence* est le complément logique de l'attribut *développant.*

Dans une proposition quelconque tous les compléments servent à achever l'idée du sujet ou de l'attribut.

Quelquefois une proposition entière sert de complément, comme dans cet exemple: *L'enfant qui travaille* réussira; la proposition incidente *qui travaille* sert de complément au sujet *enfant.*

Le verbe *être* ne peut avoir de complément, puisqu'il exprime à lui seul l'existence et l'affirmation.

DES PROPOSITIONS SIMPLES, COMPOSÉES, INCOMPLEXES, COMPLEXES, ELLIPTIQUES ET EXPLÉTIVES.

La proposition est *simple* et *incomplexe*, lorsqu'elle n'offre qu'un sujet et un attribut sans compléments.

Exemple.

Le mérite est modeste.

La proposition est *composée*, quand elle a plusieurs sujets ou plusieurs attributs, ou plusieurs sujets et plusieurs attributs à la fois.

Exemples.

Les *regrets*, les *ennuis*, les *remords* sont mortels.
Cette proposition est composée par le *sujet*.

La vertu est *rare* et *honorée*.
Celle-ci est composée par l'attribut.

L'*ignorance* et la *sottise* sont *vaines* et *opiniâtres*.
Cette dernière proposition est composée par le sujet et par l'attribut.

Il faut remarquer qu'il y a autant de propositions simples qu'il y a de sujets et d'attributs dans une proposition composée.

Exemple.

Alexandre et César étaient ambitieux.

On voit par cet exemple que c'est comme si l'on disait : *Alexandre était ambitieux, César était ambitieux.*

La proposition est *complexe*, lorsque le sujet ou l'attribut, ou les deux ensemble ont des compléments.

Exemples.

L'homme laborieux est estimé.
L'enfant est léger et paresseux.
Le désir du néant convient aux scélérats.

La première de ces propositions est complexe *par le sujet*, la seconde *par l'attribut*, et la troisième *par le sujet et l'attribut*.

Remarque. L'article précédant le sujet ou l'attribut, *les conjonctions* servant à lier les propositions, les *interjections*, les *adverbes ne, pas, point, les mots en apostrophe*, les expressions *monsieur, monseigneur*, tous ces mots accessoires que l'on peut retrancher sans altérer le sens de la phrase, n'empêchent pas une proposition d'être simple.

La proposition est *elliptique*, lorsqu'il y manque quelque terme essentiel qui est sous-entendu.

Exemples.

Craignez d'un vain plaisir les trompeuses amorces.
Leurs mœurs sont semblables, et leur langage différent.
Il est.

Dans le premier exemple il y a ellipse du sujet *vous*, dans le second du verbe *est*, et dans le troisième de l'attribut *existant*.

La proposition est *explétive*, quand il y a pléonasme dans quelqu'un de ses termes.

Exemple.

Moi, je m'arrêterais à de telles menaces?

On pourrait dans ce vers retrancher le pronom *moi*, mais la pensée aurait moins de force.

DES PROPOSITIONS PRINCIPALES, INCIDENTES ET SUBORDONNÉES.

Il y a trois espèces de propositions : la *principale*, l'*incidente*, et la *subordonnée*.

La *proposition principale* est celle à laquelle toutes les autres se rapportent et qui exprime la pensée dominante. Cette proposition a souvent un sens fini.

Il y a deux propositions principales, l'*absolue* et la *relative*.

La première est celle que nous venons de définir; quant à la proposition principale relative, elle a rapport à une autre proposition dont elle développe ou explique le sens.

Exemple.

L'âme du sage est toujours constante : elle lutte avec courage contre le malheur.

Dans cet exemple la première proposition est *absolue* et la seconde est *relative*.

Remarque. Tout dans une phrase est lié à une pensée, à une proposition que toutes les autres modifient.

La proposition *incidente* détermine ou explique un mot qui la précède et qui appartient à une autre proposition.

Il y a deux incidentes : la *déterminative* et l'*explicative*. La première détermine la signification d'un mot qu'elle modifie; elle ne peut être retranchée parce qu'elle est indispensable au sens du mot qui la précède.

Exemple.

La gloire *qui vient de la vertu* a un éclat immortel.

Ces mots, *qui vient de la vertu*, forment une proposition incidente déterminative qui restreint la signification du mot *gloire* et qui ne peut être retranchée sans nuire au sens de la proposition principale.

L'*incidente explicative* ou *superflue* tombe également sur un mot d'une autre proposition pour le qualifier ou l'expliquer. Cette incidente pourrait être retranchée sans nuire au sens de la proposition qu'elle développe.

Exemple.

Le sort, *qui toujours change,*
Ne vous a point promis un bonheur sans mélange.

Qui toujours change est une proposition incidente explicative qu'on pourrait supprimer sans altérer le sens de la proposition principale.

Remarque. Les pronoms *qui, que, dont, lequel, laquelle, on,* etc., ne sont pas les seuls mots qui servent à lier les propositions incidentes à leurs antécédents.

Dans cette phrase, je sais *que vous travaillez*, il y a deux propositions : la principale est *je sais*; l'incidente est *que vous travaillez.* On voit par cet exemple que l'incidente est liée à la principale par la conjonction *que;* c'est comme s'il y avait : *je sais une chose, qui est, vous travaillez.*

La proposition *subordonnée* modifie le sens entier de la principale, en y ajoutant l'idée de quelque circonstance de temps, de cause, de moyen, etc.

Exemple.

Lorsque la propriété de l'aimant fut connue, on inventa la boussole.

Dans cet exemple, *lorsque la propriété de l'aimant fut connue* est une proposition *subordonnée* qui modifie le sens entier de la principale ; elle n'a point un sens fini, et ne pourrait exister seule.

Exemple des trois propositions.

Si vous avez lu l'histoire de France, vous avez admiré le courage des guerriers qui ont illustré notre patrie.

Il y a trois propositions dans cette phrase. *Vous avez admiré le courage des guerriers* est une proposition principale, parce qu'elle a un sens fini ; elle est absolue, puisqu'elle exprime la pensée dominante.

Qui ont illustré notre patrie est une incidente, parce qu'elle modifie un mot de la proposition qui la précède ; elle est déterminative, car elle restreint le mot *guerriers* en désignant seulement ceux qui ont illustré notre patrie.

Si vous avez lu l'histoire de France est une proposition subordonnée, car elle modifie le sens entier de la proposition principale ; elle n'a point un sens fini.

REMARQUES SUR L'ANALYSE DES DIFFÉRENTES PROPOSITIONS.

Le *sujet* d'une proposition est un *substantif*, ou un *pronom*, ou un *adjectif pris substantivement*, ou bien un *verbe à l'infinitif*.

Exemples.

Aristide était vertueux.
Il était pauvre.
Le beau est rare.
Mentir est honteux.

Le verbe est toujours une des formes du verbe

être; il est exprimé ou sous-entendu dans toutes les propositions : il est souvent compris dans un verbe adjectif.

Exemple.

Il *aime* Dieu.

C'est-à-dire il *est* aimant Dieu. Le verbe *être* sera toujours au temps du verbe adjectif.

Exemples.

Je *parle* à votre père.
Je *lisais* votre ouvrage.
Vous *avez aimé* le travail.

Analysez ainsi :

Je suis parlant à votre père.
J'étais lisant votre ouvrage.
Vous avez été aimant le travail.

L'*attribut* est toujours un *adjectif*, ou *un mot pris adjectivement*, ou un *pronom*, et quelquefois un verbe à *l'infinitif*.

Exemples.

Dieu est *puissant*.
Il est *colère*.
C'était *lui*.
Souffler n'est pas *jouer*.

Lorsque le verbe *être* sert à conjuguer un verbe passif, il est considéré dans l'analyse comme verbe substantif, et le participe passé qui le suit est l'attribut.

Exemple.

Il *est aimé*.

Dans cette proposition, *il* est le sujet, *est* le verbe, et *aimé* l'attribut.

Dans l'analyse logique il faut indiquer : 1° Le *sujet*; 2° le *verbe*; 3° l'*attribut*; 4° l'*objet* ou le complément *objectif* qui est le régime ; 5° le *terme* ou régime indirect ; 6° le *circonstanciel* qui exprime la circonstance, la manière d'être : ce sont les adverbes, ou quelque expression marquant le temps, le lieu, l'action ; 7° le *conjonctif*, ce sont des conjonctions servant à lier des propositions ; 8° l'*adjonctif* ou expression accessoire.

PLACE DES DIFFÉRENTES PROPOSITIONS DANS LE DISCOURS.

La *proposition principale* absolue n'a point de place fixe dans le discours. Elle peut être au commencement, au milieu, ou à la fin de la phrase.

La *principale relative* ne peut être placée qu'après la proposition qu'elle développe ou explique.

L'*incidente* est placée médiatement, ou immédiatement après le mot qu'elle détermine ou explique.

La *subordonnée* a trois places dans la phrase, elle peut être mise au commencement, au milieu ou à la fin.

Nous allons offrir, pour compléter ce que nous avions à dire sur ce sujet, un modèle d'analyse logique et un modèle d'analyse grammaticale.

MODÈLE D'ANALYSE LOGIQUE.

Phrase à analyser.

Lorsque le lion a faim, il attaque tous les animaux qui se présentent ; mais tous craignent sa rencontre.

Il y a quatre propositions dans cette phrase, savoir : une proposition principale absolue, une principale relative, une incidente déterminative et une subordonnée.

Il (le lion) *attaque tous les animaux*. Cette proposition est principale absolue. Le sujet est *il* (pour le lion), *est* le verbe ; l'attribut est *attaquant*, *tous les animaux* est le régime direct ou complément objectif du verbe attributif *attaque*.

Qui se présentent. Voilà une proposition incidente déterminative, simple et incomplexe. Le sujet est *qui* (pour lesquels animaux) ; *sont*, le verbe ; *présentant*, l'attribut ; *se* est le régime direct du verbe adjectif *présentant*.

Lorsque le lion a faim. C'est une proposition

subordonnée. Le sujet est le *lion; est*, le verbe; *ayant*, l'attribut; *faim*, le régime direct ou complément objectif du verbe attributif *a*.

Mais tous craignent sa rencontre. Cette proposition est principale relative. Le sujet est *tous* (pour tous les animaux); *sont*, le verbe; l'attribut est *craignant*; *sa rencontre* est le régime direct du verbe adjectif ou attributif *craignent*.

MODÈLE D'ANALYSE GRAMMATICALE.

Phrase à analyser.

Les richesses ne conviennent pas à beaucoup de gens, si l'on considère le peu d'avantages qu'ils en retirent.

Les. Article féminin pluriel, déterminant le substantif *richesses*.
Richesses. Subtantif commun féminin pluriel, sujet de *conviennent*.
Ne. Adverbe de négation.
Conviennent. Verbe neutre au présent de l'indicatif, troisième personne du pluriel, deuxième conjugaison.
Pas. Adverbe de négation.
A. Préposition servant à marquer un rapport entre deux idées.
Beaucoup. Adverbe de quantité.
De. Préposition.
Gens. Substantif commun masculin pluriel, régime indirect de *conviennent*.
Si. Conjonction conditionnelle.
L'. Lettre euphonique employée pour la douceur de la prononciation.
On. Pronom indéfini, sujet du verbe *considère*.
Considère. Verbe actif, au présent de l'indicatif, troisième personne du singulier, première conjugaison.
Le. Article masculin singulier déterminant *peu*.
Peu. Adverbe de quantité.
De. Préposition.

Avantages. Substantif commun masculin pluriel, régime direct de *considère*.

Que. Pronom relatif masculin pluriel, régime direct du verbe *retirent*.

Ils. Pronom personnel, troisième personne masculin pluriel, sujet de *retirent*.

En. Pronom masculin singulier, régime indirect de *retirent*.

Retirent. Verbe actif au présent de l'indicatif, troisième personne du pluriel, première conjugaison.

QUESTIONNAIRE.

Qu'est-ce que l'analyse et combien y en a-t-il d'espèces? — Qu'appelle-t-on analyse grammaticale? — Qu'est-ce que l'analyse logique? — Que nomme-t-on proposition? — Quels sont les termes principaux que renferme une proposition? — Ces trois termes sont-ils toujours exprimés? — Un seul mot peut-il exprimer une proposition? — Qu'appelle-t-on complément logique? — Quels sont les termes d'une proposition qui peuvent être modifiés par des compléments? — Qu'appelez-vous proposition simple, composée, incomplexe, complexe, elliptique et explétive? — Combien y a-t-il de propositions principales? — Qu'est-ce que la proposition incidente, et combien y en a-t-il d'espèces? — Faites connaître la proposition subordonnée. — Quels sont les mots qui peuvent être sujets dans une proposition? — Quel est le mot qui est considéré comme verbe dans l'analyse logique? — Faites connaître les mots qui remplissent les fonctions d'attribut. — Que faut-il indiquer dans l'analyse logique? — Quelle est la place des différentes propositions dans le discours?

SYNTAXE.

CHAPITRE PREMIER.

La *syntaxe* s'occupe du rapport des mots entre eux, de leur emploi et de la construction des phrases.

DU SUBSTANTIF.

Il y a des substantifs qui sont invariables.

1° Les noms propres, quoique employés au pluriel, ne changent pas.

Exemple.

Les *Corneille* et les *Racine* sont rares.

Mais si ces substantifs sont pris comme noms communs et pour désigner des poëtes qui les égalent en mérite, alors ils prennent la marque du pluriel. C'est en suivant cette règle qu'on dit : la France a eu ses *Césars* et ses *Cicérons;* c'est-à-dire des guerriers comme César, des orateurs qui égalent Cicéron en éloquence.

Un coup d'œil de Louis enfantait des *Corneilles.*
(DELILLE.)

2° Certains mots pris substantivement sont invariables ; on dit : des *chut,* des *pourquoi,* des *quatre,* des *neuf,* etc.

3° D'autres empruntés aux langues étrangères, ayant été francisés, prennent la marque du pluriel; on écrit : des *opéras,* des *agendas,* des *duos,* des *trios,* des *examens,* des *magisters,* des *accessits,* des *pensums,* des *bravos,* des *panoramas,* etc.

Mais les substantifs suivants ne varient pas : des *forte-piano*, des *auto-da-fé*, des *post-scriptum*, des *in-folio*, des *ecce-homo*, des *fac-simile*, des *aparté*, des *alinéa*, des *ex-voto*, etc.

4° On écrit : des *dîners*, des *soupers*, des *pourparlers*, etc.

5° Il y a des noms qui n'ont que le singulier, comme la *faim*, la *soif*; d'autres qui ne sont employés qu'au pluriel. (Voy. p. 161.)

DES NOMS COMPOSÉS.

Les noms composés ont une orthographe qui leur est particulière ; on écrit : des *essuie-mains*, des *garde-manger*, des *entre-côtes*, des *tête-à-tête*, des *terre-pleins*, des *couvre-pieds*, des *passe-partout*, des *sauf-conduits*, des *arrière-boutiques*, des *vice-rois*, des *chefs-d'œuvre*, des *eaux-de-vie*, des *arcs-en-ciel*, des *pied-à-terre*, des *vol-au-vent*, des *chefs-lieux*, des *choux-fleurs*, des *basses-tailles*, des *plains-chants*, des *appui-main*, des *pot-au-feu*, etc. (Voy. p. 86.)

DU GENRE DE CERTAINS SUBSTANTIFS.

Il y a des observations importantes à faire sur le genre et la signification des substantifs : *aigle, amour, automne, couple, délice, exemple, enfant, espace, foudre, garde, gens, hymne, office, œuvre, orge, orgue, pâque, période, personne, quelque chose.*

Aigle est des deux genres : il est masculin comme nom de l'animal, s'il désigne le mâle : *l'aigle est courageux et fier*. Il est féminin lorsqu'il s'agit de la femelle : *l'aigle est remplie de tendresse pour ses petits*.

Aigle est toujours féminin signifiant étendard, enseigne : *l'aigle impériale, les aigles romaines*.

Amour est masculin au singulier et féminin au pluriel. On dit : *un grand amour, de grandes amours*.

Ce substantif est toujours masculin, quand il désigne des personnages mythologiques : *de petits amours voltigeaient autour de Vénus*.

Automne est du masculin comme les autres saisons : *un bel automne, un automne pluvieux.*

Couple est des deux genres : féminin lorsqu'il signifie le nombre deux : *une couple d'œufs, une couple de draps;* masculin, si l'on veut exprimer l'union, l'assemblage : *un couple de tourterelles, voilà un beau couple.*

Certain couple d'amis en un bourg établi.
(LA FONTAINE.)

Délice est du masculin au singulier et du féminin au pluriel ; on dit : *c'est un délice, — cet enfant fait mes plus chères délices.*

Exemple signifiant modèle d'écriture est du féminin : *une belle exemple.* Il est masculin dans toutes les autres circonstances : *un exemple de vertu, un exemple de piété.*

Enfant est des deux genres, selon qu'il désigne un jeune garçon ou une petite fille : *un aimable enfant, une belle enfant.*

Espace, terme d'imprimerie et de musique, servant à désigner une petite lame pour espacer les mots, ou un blanc entre les lignes de la portée, est du féminin. Ce substantif est masculin dans tous les autres cas : *un espace d'un siècle sépare ces événements.*

Foudre, lorsqu'il est synonyme de tonnerre, est féminin : *la foudre gronde au loin.*

Ce mot est masculin dans toutes les autres significations; on dit : *un foudre de guerre, un foudre d'éloquence.* On dit aussi : *un foudre de vin.*

Garde est du masculin lorsqu'il désigne un individu : *un garde national,* un *garde champêtre;* mais on dit : *La garde nationale,* faire *bonne garde.*

Gens est un substantif qui exige que les adjectifs qualificatifs qui le précèdent soient au féminin, et ceux qui sont placés après au masculin. On dit : *de bonnes gens, de vieilles gens, des gens sensés et bons.* Il faut écrire aussi : *tous les honnêtes gens.*

Hymne est du féminin quand il exprime un chant

d'église : *les belles hymnes de Santeuil*. Il est masculin dans toutes les autres significations : *La vie de Turenne est un hymne à la louange de l'humanité.* (Montesquieu.)

Office n'est féminin que lorsqu'il désigne le lieu où l'on prépare les desserts : *l'office est placée près du salon*.

Œuvre, qui est ordinairement du féminin, est employé au masculin en parlant des ouvrages de musique et de gravure ; on dit : *cette partition est un bel œuvre, cette collection de gravures est considérée comme un œuvre remarquable*. On appelle la pierre philosophale, *le grand œuvre*.

Orge est du féminin : *de belle orge*. Il est cependant du masculin dans *orge perlé, orge mondé*.

Orgue, du masculin au singulier, est du féminin au pluriel : *un bel orgue, de belles orgues*.

Pâque est du genre féminin, signifiant la fête des Juifs : *Je viens faire la Pâque chez vous avec mes disciples*. (Évangile de la passion.)

Période, signifiant le dernier, le plus haut degré, est masculin : *la maladie est arrivée à son dernier période*. Période est féminin dans tous les autres cas.

Personne, pris d'une manière indéterminée, est masculin : *personne n'est venu, je ne connais personne de plus vertueux*. Mais il faut dire : *c'est une personne instruite ; cette personne est pleine de modestie*.

Quelque chose est féminin dans le sens de *quelle que soit la chose*. Exemple : *quelque chose qu'il m'ait promise, quelque chose qu'il m'ait dite*.

Mais il est masculin signifiant *une chose* : en ce cas, il est toujours suivi d'un *qui* relatif ou de la préposition *de* : *quelque chose qui est fâcheux* ; ou, *quelque chose de plaisant*.

SUBSTANTIFS DU GENRE MASCULIN.

Abîme, acabit, accessoire, albatre, auditoire, balustre, centime, cigare, crabe, décombres, emplâtre, empois, épiderme, épisode, épithalame, érésipèle, esclan-

dre, évangile, exorde, horoscope, indice, incendie, intervalle, mânes, ongle, obélisque, orchestre, parafe ou paraphe, ulcère, ustensile, vampire, vertige, etc.

SUBSTANTIFS DU GENRE FÉMININ.

Accolade, agrafe, alcôve, aire, amorce, anagramme, ancre, argile, arrhes, atmosphère, dinde, écritoire, ébène, enclume, équivoque, horloge, huile, fibre, hypothèque, idole, nacre, immondices, omoplate, outre, sentinelle, sandaraque, stalle, patère, paroi, pédale, etc.

SUBSTANTIFS QUI NE SONT EMPLOYÉS QU'AU PLURIEL.

Arrhes, décombres, funérailles, immondices, mânes, obsèques, pleurs, simples (plante), ténèbres, vêpres, vivres, etc., etc.

QUESTIONNAIRE.

Qu'est-ce que la syntaxe? — Les noms propres employés au pluriel prennent-ils toujours la marque du pluriel? — Quelle est l'orthographe de certains substantifs empruntés aux langues étrangères?—Orthographe des noms composés. — Quelles observations importantes y a-t-il à faire sur le genre et la signification de certains substantifs?

DE L'ADJECTIF.

1. Tout adjectif s'accorde en genre et en nombre avec le substantif ou le pronom auquel il se rapporte.

Exemple.

Un homme *laborieux*, une femme *laborieuse*.

2. Si l'adjectif modifie deux ou plusieurs substantifs de différents genres, cet adjectif se met au pluriel et au masculin.

Exemple.

Mon frère et ma sœur sont *contents*. Le travail et une bonne conduite ont rendu le père et la fille *heureux*.

Quelques auteurs ont fait accorder l'adjectif avec le dernier substantif.

Exemples.

Le bon goût des Egyptiens leur fit aimer la solidité et la régularité toute *nue*. (BOSSUET.)

Il a supporté cette épreuve avec un courage et une résignation *particulière*. (MARMONTEL.)

Quand l'adjectif modifie deux noms de genres différents, il faut avoir soin de mettre le nom masculin en dernier.

Exemple.

Une foi et un courage *nouveaux*, la bouche et les yeux *ouverts*. On choquerait l'oreille, si l'on disait : un courage et une foi *nouveaux*, les yeux et la bouche *ouverts*.

3. Si l'adjectif modifie deux substantifs unis par la conjonction *ou*, l'adjectif ne s'accorde qu'avec le dernier.

Exemple.

Il a une bonté ou une indulgence *étonnante*.

EXCEPTIONS.

FEU LA REINE, LA FEUE REINE.

1. Nous avons déjà dit que l'adjectif *feu*, signifiant *défunt*, ne s'accorde que lorsqu'il est précédé de l'article ou d'un adjectif déterminatif.

Exemple.

Feu ma mère, la *feue* reine, ma *feue* grand'mère.

NU ET DEMI.

2. Si les adjectifs *nu* et *demi* sont placés après le substantif auquel ils se rapportent, ils s'accordent ; mais ils sont invariables quand ils précèdent le substantif.

Exemple.

Nu-pieds, pieds *nus* ; *nu*-tête, tête *nue* ; une *demi*-heure, une heure et *demie*.

Demi ne prend pas le pluriel dans les cas suivants :

Trois heures *et demie*, cinq mètres *et demi* ; il s'agit en effet de trois heures plus *une demi*-heure ; de cinq mètres plus *un demi*-mètre.

AVOIR L'AIR.

1. Dans ces expressions, cette femme a l'air *bon*, elle a l'air *spirituel*, elle a l'air *confiant*, l'adjectif s'accorde avec le substantif *air* ; mais quand *avoir l'air* signifie *paraître*, on fait accorder l'adjectif avec le sujet. Exemple : Cette femme *a l'air mal faite* ; ils *ont l'air fâchés* de cette nouvelle. (*Académie*.)

COUTER CHER.

2. Lorsque l'adjectif est pris d'une manière adverbiale, il est invariable.

Exemple.

Ces livres coûtent *cher*.
On doit par la même raison écrire : ces fruits sentent *bon*.

ADJECTIFS VERBAUX EN *able*.

3. *Pardonnable, impardonnable, inestimable, contestable, déplorable*, ne sont employés qu'en parlant des choses. *Consolable, inconsolable*, se disent seulement des personnes.

4. La place de l'adjectif relativement au substantif est déterminée par l'usage ; cependant il arrive souvent que, mis avant ou après le substantif, celui-ci change de signification.

Exemples.

Un honnête homme est un homme probe ou un homme de bonne société.
Un homme honnête est un homme poli.
Un brave homme est un homme bon, probe.
Un homme brave est un homme courageux.
Un homme grand est un homme de haute taille.
Un grand homme est un homme de génie.
Un homme pauvre est un homme sans fortune.
Un pauvre homme est un homme sans capacité.

Des adjectifs déterminatifs.

1. L'emploi ou l'omission de l'adjectif déterminatif *le, la, les,* change la signification de certains substantifs.

Exemples.

Entendre la raillerie, c'est savoir railler.
Entendre raillerie, c'est savoir supporter la raillerie.

2. Lorsque le substantif est précédé d'un adjectif qualificatif, on met *de* devant cet adjectif, à moins que la chose dont on parle ne soit déterminée.

Exemples.

Proposons-nous *de* grands exemples à imiter plutôt que *de* vains systèmes à suivre.

Il n'y a que ceux qui ont *de* hautes et *de* solides pensées, qui puissent faire des discours élevés.

Mais on dira : donnez-moi *des* bons fruits de votre jardin, *des* belles fleurs de votre parterre : parce que, dans ces derniers exemples, *fruits* et *fleurs* sont déterminés.

3. On place également la préposition *de* après certains adjectifs pris adverbialement.

Exemple.

Vous avez beaucoup *d*'esprit, et peu *de* caractère.

Mais si le substantif est déterminé, on mettra *du, de la, des.*

Exemples.

Madame, je n'ai point *des* sentiments si bas.
Je ne vous ferai point *des* reproches frivoles.

Il y a une remarque à faire dans l'emploi de certains adjectifs possessifs : On ne doit pas dire, *vos père et mère, vos frères et sœurs;* mais *votre père* et *votre mère, vos frères* et *vos sœurs.*

QUELQUE.

4. *Quelque* suivi d'un verbe s'écrit en deux mots; l'adjectif *quel* s'accorde et *que* reste invariable.

Exemples.

Quel que soit votre mérite.
Quelle que soit votre fortune.
Quels que soient vos succès.

Lorsqu'il est suivi d'un substantif, il s'accorde, et s'écrit en un seul mot.

Exemples.

Quelques motifs qu'il ait eus.
Quelques raisons qu'il ait données.

Si *quelque* est suivi d'un adjectif qualificatif ou d'un adverbe, il est invariable et s'écrit également en un seul mot.

Exemples.

Quelque aimable que vous soyez.
Quelque modérés que nous soyons.

TOUT.

5. *Tout* est adjectif ou adverbe. S'il est adjectif, il s'accorde : *tout* homme, *toute* femme, *tous* les hommes sont égaux devant Dieu.

Tout, signifiant tout à fait, entièrement, quoique, quelque, est un adverbe, et par conséquent invariable. Exemples : *tout* amis qu'ils sont, *tout* aimables qu'ils sont.

On écrit : *tout entiers, tout entière*.

VINGT ET CENT.

6. Les adjectifs numéraux *vingt* et *cent* prennent la marque du pluriel quand ils sont suivis d'un substantif.

Exemples.

Quatre-*vingts* hommes.
Trois *cents* moutons.

Vingt et *cent* sont invariables, s'ils sont suivis d'un autre adjectif de nombre.

Exemples.

Quatre-*vingt*-dix hommes.
Trois *cent* vingt chevaux.

MILLE.

7. On écrit *mil* en parlant de la supputation des années. Exemple : cet événement eut lieu l'an *mil* quatre cent quatre-vingt-six.

Cependant l'on écrit l'an quatre *mille* quatre du monde, l'an *mille* de la création, l'an trois *mille* deux cents.

Mille ne change pas en parlant d'autres nombres. L'armée française était composée de quatre cent *mille* hommes.

Mille, exprimant une mesure de chemin, est un substantif commun, et naturellement prend un *s* au pluriel. Exemple : cette ville est à trois *milles* de distance.

DU PRONOM.

1. Le *pronom* prend le genre et le nombre du substantif dont il rappelle l'idée ; il est soumis, sous ce rapport, aux mêmes règles que l'adjectif qualificatif.

Exemples.

J'aime mon père ; *il* est honoré.
Ma mère est bonne ; *elle* est l'objet de ma tendresse.
L'ami *auquel* je suis dévoué.
Les femmes *auxquelles* j'ai fait l'aumône.

2. Le sujet d'un verbe, exprimé par un pronom personnel, se place ordinairement devant le verbe.

Exemples.

Je chéris la vertu.
Il attaque les ennemis de Dieu.
Nous honorons nos parents.

3. Lorsque la proposition est interrogative, le pronom sujet se place après le verbe.

Exemples.

Que voulez-*vous?* Où suis-*je?*
Qu'ai-*je* fait? Quelle heure est-*il?*

Il se place aussi après le verbe quand on rapporte les paroles de quelqu'un.

Exemples.

Je me croirai heureux, disait-*il*, lorsque je ferai le bonheur de mes sujets.

4. Le régime se place ordinairement après le verbe.

Exemples.

J'estime *les gens* vertueux.
Je travaille *avec courage*.

Mais il se met devant le verbe, quand le régime est un pronom.

Exemples.

Il *nous* aime, c'est-à-dire il aime *nous*.
Il *se* blesse, c'est-à-dire il blesse *lui*.
Il *nous* donne un livre, c'est-à-dire il donne à *nous*.
Il *vous* a rendu service, c'est-à-dire il a rendu service à *vous*.

5. Le régime se place après le verbe, si ce verbe est à l'impératif.

Exemples.

Accordez-*moi* votre amitié.
Offrez-*nous* des consolations.

6. Généralement on n'emploie pas le pronom *soi* dans un sens déterminé, parce que c'est une expression vague, comme *chacun* ou *quiconque*. On dira : chacun songe à *soi*; n'aimer que *soi*, c'est être mauvais citoyen. Quand on rapporte tout à *soi*, on n'a pas beaucoup d'amis.

Il y a cependant exception, quand *lui* donnerait lieu à une équivoque, ou serait répété dans la même phrase : Au milieu de tout le monde *il* ne voit que *soi*.

7. Les pronoms *le, la, les*, peuvent rappeler l'idée d'un substantif ou d'un adjectif.

S'ils représentent un substantif ou un adjectif pris

substantivement, ils s'accordent avec le mot auquel ils se rapportent.

Exemples.

Etes-vous *les chasseurs?* — Oui, nous *les* sommes.
Etes-vous *la malade?* — Oui, je *la* suis.
Etes-vous *les ministres?* — Nous *les* sommes.

Lorsque *le, la, les,* se rapportent à un adjectif ou à un substantif pris comme adjectif, ils sont invariables.

Exemples.

Etes-vous chasseurs? — Oui, nous *le* sommes.
Madame, êtes-vous malade? — Je *le* suis.
Etes-vous ministres? — Nous *le* sommes.

8. Les pronoms *celui-ci, celle-ci, ceci,* servent à désigner les objets les plus près; *celui-là, celle-là, cela,* indiquent les objets éloignés.

Exemple : Saint Vincent de Paul et Condé furent deux grands hommes, *celui-ci* héros des batailles, *celui-là* héros de la charité.

9. *Quoi,* dont le sens est indéterminé, s'emploie quelquefois pour *lequel, laquelle.*

Exemple.

Ce n'est pas le bonheur après quoi je soupire.
(MOLIÈRE.)

10. Souvent on emploie dans les vers *où* pour *auquel, dans lequel,* etc.

Exemple.

Heureux qui, satisfait de son humble fortune,
Libre du joug superbe *où* je suis attaché,
Vit dans l'état obscur *où* les dieux l'ont caché.
(RACINE.)

11. Il faut employer *l'on* au lieu de *on* pour éviter l'hiatus, c'est-à-dire le son causé par la rencontre de deux voyelles.

Exemples.

Ce que l'*on* conçoit bien s'énonce clairement.
On ne fait jamais bien si l'*on* n'est à sa place.

QUESTIONNAIRE.

Comment s'accorde l'adjectif avec le substantif? — Quelles sont les exceptions à cette règle? — La place de l'adjectif relativement au substantif peut-elle changer la signification de ce dernier? — Quelle différence y a-t-il entre entendre la raillerie et entendre raillerie? — Quand doit-on mettre la préposition *de* devant les adjectifs qualificatifs et après certains adverbes? — *Quelque* suivi d'un verbe s'écrit-il en deux mots? — Le mot *tout* est-il quelquefois invariable? — Parlez de la règle qui régit *vingt* et *cent*. — Le mot *mille* s'écrit-il toujours de la même manière? — Comment s'accorde le pronom avec le substantif qu'il remplace? — Quelle est la place du pronom sujet? — Le régime se place-t-il toujours après le verbe? — Les pronoms indéfinis peuvent-ils être employés d'une manière déterminée? — Les pronoms *le*, *la*, *les*, s'accordent-ils avec un adjectif? — — Quand doit-on écrire *l'on* et non pas *on*?

DU VERBE.

SUJET DES VERBES.

1. Le verbe s'accorde en nombre et en personne avec son sujet.

Exemples.

Il aime la gloire.
Nous chérissons la vertu.

Dans le premier exemple, *aime* est du singulier et de la troisième personne, parce que *il* est du singulier et de la troisième personne. Dans le second exemple, *chérissons* est au pluriel et à la première personne, car *nous* est du pluriel et de la première personne.

2. Si le verbe a plusieurs sujets, on le met au pluriel et à la personne qui a la priorité. La première personne a la priorité sur la seconde, et celle-ci sur la troisième.

Exemples.

Toi et moi nous chantons.
Vous et lui vous chantez.

EXCEPTIONS.

1. Quand le verbe a plusieurs sujets qui expriment une même idée, ce verbe s'accorde avec le dernier.

Exemples.

Son *courage*, son *intrépidité est* digne d'admiration.

2. Lorsque les sujets d'un verbe sont séparés par la conjonction *ou*, le verbe s'accorde avec le dernier sujet.

Exemple.

La bonté ou l'indulgence nous *fait* aimer de nos semblables.

3. Mais si les sujets sont de différentes personnes, le verbe se met au pluriel.

Exemple.

Vous ou moi *irons* à la campagne.

4. Le verbe reste au singulier quand les sujets sont suivis d'un de ces mots : *tout, rien, personne.*

Exemple.

Parole et regards, tout *est* charme chez vous.
(LA FONTAINE.)

5. Le verbe s'accorde avec le premier sujet quand celui-ci est uni au second sujet par l'une des conjonctions *comme, ainsi que, de même que, aussi bien que.*

Exemple.

Le savoir, ainsi que le courage, a son prix.

6. Lorsque *l'un* et *l'autre* expriment la pluralité, le verbe se met au pluriel.

Exemple.

L'un et l'autre *ont* des droits à votre bienveillance.

7. Le verbe se met également au pluriel quand les sujets sont séparés par la conjonction *ni.*

Exemple.

Ni l'or, ni la grandeur ne nous *rendent* heureux.
(LA FONTAINE.)

8. Si le verbe a pour sujet un *collectif général*, c'est-à-dire la collection entière des personnes ou des choses dont on parle, il s'accorde avec le collectif même.

Exemples.

L'infinité des perfections de Dieu *m'accable*.
(ACADÉMIE.)

Une poignée de soldats *dispersa* l'ennemi.

9. Quand le verbe est précédé d'un *collectif partitif*, le verbe s'accorde avec le substantif qui suit le collectif.

Exemple.

La plupart des hommes *sacrifient* l'avenir au présent.

Trop de passions *ont* été mises en jeu.

10. Un verbe à l'infinitif employé comme sujet veut le verbe suivant au singulier.

Exemple.

Chasser *est* son unique plaisir.

11. On dit ce *sont* eux, ce *sont* mes sœurs, parce que *eux* et *sœurs* sont les sujets du verbe sont.

12. Par politesse on dit *vous* au lieu de *tu* au singulier ; alors le verbe se met au pluriel, mais l'adjectif qui le suit reste au singulier.

Exemple : *vous êtes bien aimable.*

DU RÉGIME.

1. Deux régimes indirects ne peuvent être employés dans le même membre de phrase, pour exprimer le même rapport. Ainsi Boileau a fait une faute dans le vers suivant :

C'est *à vous*, mon esprit, *à qui* je veux parler.

Il fallait dire : *c'est vous*, mon esprit, *à qui* je veux parler ; ou bien, *c'est à vous*, mon esprit, *que je* veux parler.

2. Il faut, dans une phrase, donner à chaque verbe le régime qui lui convient. Ne dites donc pas : *il s'adressa et charma ses auditeurs*, parce qu'on ne

peut dire *s'adresser ses auditeurs.* Il faut écrire : *il s'adressa à ses auditeurs, et il les charma.*

Remarque. Les auxiliaires *avoir* et *être* sont employés, le premier pour exprimer l'action : *il a charmé;* le second pour marquer l'état : *il est charmé.* Parmi les verbes neutres, ceux qui indiquent une action se conjuguent en général avec *avoir,* comme, *il a régné, il a marché;* les autres qui expriment l'état se conjuguent avec l'auxiliaire *être,* tels sont : *tomber, naître, mourir,* etc.

DE L'EMPLOI DE CERTAINS TEMPS DES VERBES.

1. On peut, après avoir parlé au passé, faire usage du présent, pour donner plus de vivacité au discours; mais il faut alors que tous les verbes qui sont en rapport avec ce temps soient au présent. Il ne faudrait pas dire : il *s'avance* contre son ennemi et le *tua;* mais, il *s'avance* contre son ennemi et le *tue.*

2. On ne doit pas dire *mords-je? dors-je? sers-je? mens-je? perds-je? cours-je?* On doit se servir d'une circonlocution : *est-ce que je mords? est-ce que je dors?* etc.

Néanmoins l'usage permet de dire : *Vois-je? dis-je? fais-je? dois-je? suis-je? ai-je?*

Remarque. Le futur est quelquefois employé pour l'impératif.

Exemple.

Tu *honoreras* tes parents.

3. Il ne faut pas employer le passé défini pour le passé indéfini. Le premier se dit d'un temps entièrement écoulé, au moins d'un jour. Ne dites donc pas, *je vis votre frère aujourd'hui.* Le prétérit indéfini est employé pour exprimer un temps complétement passé, ou dont il reste encore quelque portion. On peut dire : *j'ai vu aujourd'hui votre ami, j'ai vu hier votre père.*

4. Le subjonctif est un mode qui exprime le doute; on l'emploie après les verbes ou les expres-

sions qui réveillent cette idée. D'après ce principe, il faut dire :

Je crains *qu'il ne vienne.*
Je souhaite *qu'il arrive.*
Il partira, à moins *qu'il ne pleuve.*
J'exige *qu'il fasse* son devoir.

On emploie l'imparfait du subjonctif après le conditionnel et le passé de l'indicatif. On écrira :

Je voulais que vous *étudiassiez.*
Je voulus que vous *étudiassiez.*
J'ai voulu que vous *étudiassiez.*
Je voudrais que vous *étudiassiez.*
J'aurais voulu que vous *étudiassiez.*
J'avais voulu que vous *étudiassiez.*

Le plus-que-parfait du subjonctif est employé après ces mêmes temps pour exprimer un temps passé.

Exemple.

Je voulais que vous *eussiez étudié.*
Je voulus que vous *eussiez étudié.*
J'ai voulu que vous *eussiez étudié.*
Je voudrais que vous *eussiez étudié.*
J'aurais voulu que vous *eussiez étudié.*
J'avais voulu que vous *eussiez étudié.*

MODE INFINITIF.

Il y a des verbes après lesquels l'infinitif est généralement précédé de la préposition *à*, comme *penser, persister, aimer, renoncer, répugner, hésiter, aider, autoriser, balancer, consentir, décider, habituer*, etc. *Ex.* : Je persiste *à* soutenir que...; j'aime *à* croire que...; j'hésite *à* partir, etc. *Répugner* employé impersonnellement veut la préposition *de :* il répugne *de* penser que.... D'autres verbes demandent à être précédés de la préposition *de;* tels sont : *gager, regretter, souhaiter, soupçonner, appréhender, craindre, dédaigner, défier, désespérer, désirer, détester, différer*, etc. *Ex.* : Je regrette *d'*être obligé.... J'appréhende *de* le voir....

OBSERVATIONS SUR QUELQUES VERBES.

1. Il y a une différence essentielle entre ces deux expressions : *il est allé le voir* signifie que l'action a lieu présentement ; *il a été le voir* fait entendre que l'action est passée et suppose le retour.

2. On dit en style familier : *éviter de la peine à quelqu'un ;* il est plus correct de dire : *épargner de la peine à quelqu'un.* Voltaire a dit :

<small>Non, Seigneur, il lui faut *épargner* cet outrage.</small>

3. *Fixer* signifie arrêter, déterminer ; on ne peut donc pas dire *fixer quelqu'un* dans le sens de regarder fixement. Il faut écrire : *fixer ses regards sur quelqu'un.*

4. On ne doit pas dire, *observer quelque chose à quelqu'un. Observer* signifie *considérer, examiner ;* il faut donc s'exprimer ainsi : *j'ai fait observer* quelque chose à quelqu'un.

On ne peut pas dire non plus : *faire des observations à quelqu'un ;* car faire des observations, c'est *observer ;* il faut écrire : *adresser des observations à quelqu'un.*

5. On ne doit pas dire : *je vais promener, sucrez-vous, changez-vous,* mais *je vais me promener, prenez du sucre, changez de vêtement.*

6. *Se rappeler de quelque chose* est une locution incorrecte. Il faut dire : *se rappeler quelque chose,* parce que *rappeler* veut un régime direct.

QUESTIONNAIRE.

Comment s'accorde le verbe avec son sujet? — De quel nombre sera le verbe qui a deux ou plusieurs sujets? — Quelles sont les exceptions à ces deux règles? — A quel nombre met-on un verbe qui a pour sujet un infinitif? — Deux régimes indirects peuvent-ils être employés dans la même phrase pour exprimer le même rapport?—Que faut-il observer relativement au régime du verbe? — Peut-on, dans un discours, employer le présent, après avoir parlé au passé? — Dans quel cas doit-on mettre le verbe au subjonctif? — Quels sont les verbes qui doivent être précédés de la préposition *à* ou *de*? — Quelle différence y a-t-il entre *il est allé le voir* et *il a été le voir*? — Peut-on dire : *éviter de la peine à quelqu'un*? — Est-il correct de dire : *observer quelque chose à quelqu'un, se rappeler de quelque chose*? — Comment faut-il s'exprimer dans ces deux exemples?

DU PARTICIPE.

Il y a, comme on sait, deux participes, *le participe présent* et *le participe passé*.

Du participe présent.

Le *participe présent* marque un temps présent ; il est toujours terminé en *ant*, est invariable, exprime une action.

Exemple.

L'enfant *aimant* l'étude ; les hommes *admirant* la vertu.

Dans cet exemple, *aimant, admirant*, sont des participes présents, parce qu'ils expriment une action, et qu'ils marquent un temps présent. On voit par le même exemple que le participe présent a un régime, car *l'étude, la vertu*, sont les compléments des participes *aimant, admirant*.

Il ne faut pas confondre le participe présent avec l'*adjectif verbal*. Celui-ci marque l'état, la manière d'être du substantif qu'il modifie ; il n'exprime point d'action, et ne peut par conséquent avoir de régime ; c'est un véritable adjectif qui a la signification du verbe dont il dérive et qui s'accorde en genre et en nombre avec le mot auquel il se rapporte.

Exemple.

Les enfants *obéissants*, les personnes *aimantes*.

Obéissants et *aimantes*, sont des adjectifs qui dérivent des verbes *obéir, aimer*, et qui s'accordent avec le mot qu'ils modifient.

Il n'est pas toujours facile de distinguer le participe présent de l'adjectif verbal. Cependant, il y a plusieurs moyens de les reconnaître.

1. Si le mot terminé en *ant* peut se décomposer en un autre temps du verbe, précédé du pronom relatif *qui*, c'est un participe présent.

Exemples.

Ces êtres *vivant* comme nous, sont sujets à la mort.
Ces terres *dépendant* de la succession, doivent être vendues.

Dans ces exemples, *vivant* et *dépendant* sont des participes présents, parce qu'on peut dire : ces êtres, *qui vivent* comme nous, sont sujets à la mort; ces terres, *qui dépendent* de la succession, doivent être vendues.

2. Quand le mot terminé en *ant* peut être précédé de *qui* et d'un des temps du verbe *être*, c'est un adjectif verbal.

Exemples.

Les hommes *souffrants* doivent être secourus.
Les enfants *intéressants* sont aimés de tout le monde.

On voit par ces exemples qu'on peut dire : les hommes *qui sont souffrants* doivent être secourus; les enfants *qui sont intéressants* sont aimés de tout le monde.

3. Quand la forme verbale en *ant* est précédée ou peut être précédée de la préposition *en* exprimant une action avec le mot suivant, elle est un participe présent.

Exemples.

Ils se sont blessés en *jouant*.
Ils ont dépéri en *croissant*.
Ils sont morts en *combattant*.

La tragédie informe et grossière en *naissant*.
(BOILEAU.)

4 Le participe présent a été appelé *participe actif*, comme exprimant une action et ayant ordinairement

un complément, tandis que l'adjectif verbal ne peut avoir de régime.

Exemples.

Calypso aperçut des cordages *flottants* sur le rivage. (FÉNELON.)

Les enfants *lisant l'histoire*.
Les hommes *aimant la gloire*.
Les poëtes *immortalisant leur siècle*.
Les femmes *chérissant la vertu*.
Nous aimons les élèves *obéissants*.

Dans ces exemples, *lisant, aimant, immortalisant, chérissant*, sont des participes présents. *Obéissants* est un adjectif verbal, ainsi que *flottants*.

Du participe passé.

Le participe passé, il n'est pas besoin de le dire, exprime un temps passé. Exemple : il a *lu*, il avait *lu*.

Pour bien comprendre les règles des participes, il faut avoir été bien exercé sur l'analyse logique et grammaticale; il faut que l'élève connaisse et distingue facilement les différentes espèces de verbes, le sujet et les régimes.

PREMIÈRE RÈGLE.

Tout participe passé employé sans auxiliaire, s'accorde, comme l'adjectif, en genre et en nombre avec le substantif ou le pronom auquel il se rapporte.

Exemple.

Que de remparts *détruits!* Que de villes *forcées!*
(BOILEAU.)

Nos drapeaux, *portés* par des guerriers invincibles, furent défendus avec un courage héroïque.

Remarque. Le participe passé placé au commencement d'une phrase ou d'un membre de phrase, se rapporte à un substantif ou à un pronom qui le suit, et avec lequel ce participe s'accorde.

Exemples.

Entourés de toutes parts, les ennemis furent vaincus.
Exercés au travail, ils acquièrent plus de facilité.

Dans ces exemples, *entourés* s'accorde avec *ennemis* et *exercés* avec *ils*.

Exception. Attendu, vu, excepté, supposé, ouï, sont des participes pris comme prépositions, qui sont invariables quand ils sont placés devant le substantif auquel ils se rapportent; mais ils s'accordent quand ce substantif les précède.

Exemples.

Ouï l'accusation et la défense.
Attendu les événements.
Vu les circonstances.
Supposé ces faits.
Excepté mes frères.

Mais on écrira en faisant accorder ces participes:
Un jugement rendu parties *ouïes*.
Les circonstances *vues*.
Ces faits *supposés*.
Mes frères *exceptés*.

DEUXIÈME RÈGLE.

Si le participe passé est construit avec l'auxiliaire *être*, il s'accorde avec son sujet.

Exemples.

Les ennemis furent *entourés*.
Les méchants sont *détestés*.
La vertu est *honorée*.
La bonté est *aimée*.

Remarque. Le participe passé du verbe *être* est invariable. On dit : il ou elle a *été*, ils ou elles ont *été*.

TROISIÈME RÈGLE.

Le participe passé construit avec l'auxiliaire *avoir* ne s'accorde point avec son sujet.

Exemples.

Mon père a *écrit*.
Nous avons *chanté*.
Ils ont *lu*.
Elle a *reçu*.

SYNTAXE.

QUATRIÈME RÈGLE.

Tout participe passé construit avec l'auxiliaire *avoir* et précédé de son régime direct, s'accorde avec ce régime en genre et en nombre.

Exemples.

Les meilleures harangues sont celles que le cœur a *dictées*.
Quel plaisir d'aimer la religion avec les hommes célèbres qui l'ont *soutenue*!
Les services que l'armée a *rendus* à la patrie.
La gloire que nous avons *acquise*.
Les conventions que nous avons *faites*.

Il est facile de voir dans ces exemples que le participe *soutenue* s'accorde avec le pronom *la* qui représente *religion*; *rendus* avec son régime direct *que* (pour les services); *acquise* s'accorde avec *que* (pour la gloire); *faites* avec *que* (pour les conventions).

Remarque. Le participe passé précédé de *que de*, *combien de*, s'accorde, parce qu'il a pour régime le substantif placé avant ce participe.

Exemples.

Que de livres nous avons *lus*!
Combien de leçons avez-vous *reçues*?
Que de chagrins vous m'avez *causés*!
Que d'ennemis nous avons *vaincus*!

CINQUIÈME RÈGLE.

Il résulte de la règle précédente que le participe construit avec *avoir* et suivi de son régime direct, est invariable.

Exemples.

Nous avons *lu* vos livres.
J'ai *écrit* une lettre à mon frère.
Mes frères ont *reçu* vos présents.
Didon a *fondé* Carthage.
Votre père vous a *donné* d'utiles leçons.
Paris a *donné* le jour à Molière.

Remarque. Le participe est également invariable, lorsqu'il n'a point de régime direct.

Exemples.

Nous avons *lu.*
Ils ont *chanté.*
Nous avons *répondu* à votre attente.
Cette armée a *péri.*

Nous devons conclure de ce qui précède que le sujet n'exerce aucune influence sur le participe construit avec l'auxiliaire *avoir*, et que les participes des verbes neutres qui ont cet auxiliaire sont également invariables.

QUESTIONNAIRE.

Combien y a-t-il d'espèces de participes? — Qu'est-ce que le *participe présent* et comment le reconnaît-on? — Qu'appelle-t-on *adjectif verbal?* — Quel moyen a-t-on pour distinguer le participe présent de l'adjectif verbal? — Qu'est-ce que le *participe passé?* — Quelle règle suit le participe passé employé sans auxiliaire? — Quelle est l'exception à cette règle? — Quand est-ce que le participe passé s'accorde avec son sujet? — Quelle est la règle que suit ce participe, quand il est construit avec l'auxiliaire *avoir?* — Le participe passé précédé de *que de, combien de*, s'accorde-t-il? — A quelle règle est soumis le participe passé lorsque, construit avec *avoir*, il est suivi de son régime direct?

SUITE DU PARTICIPE PASSÉ.

1. Quand le participe passé est suivi d'un verbe à l'infinitif, il faut voir si, d'après le sens de la phrase, le régime direct qui précède est l'objet du participe ou de l'infinitif.

Si le régime direct est l'objet du participe, celui-ci s'accorde avec ce régime.

Exemples.

La personne *que* j'ai *vue* peindre (c'est-à-dire qui peignait.)

Cette nuit, je l'ai *vue* arriver en ces lieux.
(RACINE.)

Les acteurs *que* j'ai *entendus* chanter.

Les difficultés *qu'*il a *eues* à surmonter (c'est-à-dire il a eu des difficultés à surmonter).
La femme que j'ai *entendue* parler.

Mais quand le régime direct est l'objet de l'infinitif, le participe est invariable.

Exemples.

La chasse que j'ai *vu* suivre (c'est-à-dire qu'on suivait).
Les acteurs que j'ai *entendu* applaudir (c'est-à-dire qu'on applaudissait).
La chanson que j'ai *entendu* chanter.
La tragédie que j'ai *vu* jouer.
La maison que j'ai *vu* construire.
Les voleurs que j'ai *vu* conduire.

On voit d'après ces exemples que le participe s'accorde avec le régime, quand celui-ci lui appartient, et qu'il est invariable si ce régime est l'objet de l'infinitif.

Remarque. Cette règle est une des plus difficiles; il est donc nécessaire d'exercer beaucoup les élèves par de nombreux exemples; il est utile aussi de leur faire observer que, si l'infinitif qui suit le participe passé peut se changer en participe présent, il y a accord; mais que, dans le cas contraire, ce participe est invariable.

Exemples.

La personne que j'ai *vue* peindre (c'est-à-dire la personne que j'ai *vue* peignant).
La personne que j'ai *vu* peindre.

Dans le dernier exemple le participe passé est invariable, parce qu'on veut dire non pas que la personne peignait, mais qu'on la peignait, et l'on voit que dans ce sens l'infinitif ne peut être remplacé par le participe présent.

2. Quand l'infinitif, qui doit suivre le participe passé, est sous-entendu, ce participe est invariable.

Exemples.

Il a obtenu toutes les faveurs qu'il a *voulu* (sous-entendu *obtenir*).

Il lui a rendu tous les services qu'il a *pu* (sous-entendu *lui rendre*).

Il a remporté toutes les victoires qu'il a *voulu* (sous-entendu *remporter*).

Dans ces exemples le régime direct étant l'objet de l'infinitif sous-entendu, le participe est invariable.

3. Le participe *fait*, joint à un infinitif sans préposition, est invariable.

Exemples.

Ce sont mes sentiments qu'il vous a *fait* entendre.
(MOLIÈRE.)

La maison que j'ai *fait* bâtir.
La messe que nous avons *fait* chanter.
Les tableaux que j'ai *fait* placer.

On voit que le régime direct est ici l'objet de l'infinitif.

4. Quand l'infinitif qui suit le participe passé, est précédé d'une préposition, le participe s'accorde avec le régime direct qui le précède, si ce régime est l'objet du participe.

Exemples.

Les soldats qu'on a *contraints* de marcher.

L'histoire que je vous ai *prié* de lire (c'est-à-dire je vous ai prié de lire l'*histoire*.

Dans le premier exemple le participe s'accorde ; dans le second, il est invariable.

5. Le participe *laissé* ne s'accorde avec le régime qui le précède que lorsqu'il est suivi d'un verbe neutre à l'infinitif, parce qu'un verbe neutre ne peut avoir de régime direct.

Exemples.

Je les ai *laissés* partir.
Il les a *laissés* mourir.
Votre sœur que vous avez *laissée* tomber.

Mais on écrira, sans faire accorder le participe passé :

Je les ai *laissé* emmener.
Ils se sont *laissé* battre.

Emmener et *battre* sont des verbes actifs.

Remarque. Condillac et Wailly considèrent le participe *laissé* et l'infinitif qui le suit, comme ne formant qu'une seule idée, et veulent que ce participe soit invariable. Duclos, Letellier et Boniface sont d'un avis contraire.

DES VERBES NEUTRES.

Les verbes *neutres* n'ayant point de régime direct, leur participe passé est invariable, lorsque ce participe est construit avec l'auxiliaire *avoir*; mais il s'accorde avec son sujet, quand il est employé avec le verbe *être*.

Exemples.

La modération de nos ennemis nous a plus nui que leur valeur.

As-tu vu quelle joie a *paru* dans ses yeux?
(T. CORNEILLE.)

Mais on écrira, en faisant accorder le participe avec son sujet :

C'est à l'ombre des lois que tous les arts sont *nés*.
Tous nos amis sont *venus* nous voir.
Mes frères sont *allés* à Rome.

DES VERBES PRONOMINAUX.

1. Le participe des verbes pronominaux suit la même règle que celle des verbes construits avec l'auxiliaire *avoir*; c'est-à-dire que ce participe s'accorde, si le régime direct le précède, et qu'il est invariable si le régime est placé après. Nous avons dit que, dans les verbes pronominaux, le verbe *être* qui sert à les conjuguer a le sens du verbe *avoir*.

Exemples.

Lucrèce s'est *donné* la mort (c'est-à-dire Lucrèce a donné la mort à elle-même).

Les lettres qu'ils se sont *adressées* (c'est-à-dire qu'ils ont adressé des lettres à eux-mêmes).

Il y a, comme on sait (p. 138), des verbes *pronominaux essentiels;* on les appelle ainsi parce qu'ils ne peuvent se conjuguer qu'avec deux pronoms. Le participe passé de ces verbes s'accorde toujours avec le second pronom qui le précède et qui est son régime direct.

Exemples.

Ces personnes se sont *moquées* de lui.
La haine s'est *emparée* de son âme.
Ces enfants se sont *repentis* de leur faute.

2. Les verbes pronominaux accidentels, formés des *verbes neutres*, ont leur participe invariable, parce qu'ils ne peuvent avoir de régime direct.

Exemples.

Ces personnes se sont *nui* dans leur entreprise.
Les vainqueurs se sont *plu* à raconter leurs victoires.
Les siècles se sont *succédé*.

Le participe passé d'un verbe pronominal accidentel, formé d'un *verbe actif*, ne s'accorde que lorsque son régime direct le précède.

Exemples.

Ils se sont *partagé* leur bien.
Elle s'est *réjouie* de vos succès.
Ils se sont *blessés*.
Ils se sont *aimés* comme des frères.

Dans les verbes pronominaux passifs (c'est-à-dire où le verbe *être* n'a pas le sens du verbe *avoir*), le participe s'accorde avec son sujet.

Exemples.

Cette maison s'est *vendue* fort cher.
Ces bruits se sont *confirmés*.
Cette affaire s'est *traitée* à l'amiable.

DES VERBES UNIPERSONNELS.

Le participe passé des verbes *il a fait, il y a eu*, pris impersonnellement, est invariable.

Exemples.

Les chaleurs qu'il a *fait* pendant l'été.
Les grandes inondations qu'il y a *eu*.
La grande sécheresse qu'il a *fait*.
Les mauvais temps qu'il y a *eu*.

Remarque. Un verbe est unipersonnel ou impersonnel lorsque le pronom *il* ne remplace pas un nom de personne ou de chose, qu'il ne désigne qu'un être vague et indéterminé. (Voy. p. 140.)

DU PARTICIPE ENTRE DEUX QUE.

Le participe entre deux *que* est toujours invariable.

Exemples.

Les mathématiques que vous n'avez pas *voulu* que j'étudiasse.
Les peines que j'ai *prévu* que cette affaire vous donnerait.

Lorsque le verbe *avoir*, qui accompagne le participe passé, est précédé du pronom *en*, ce participe est invariable, à moins qu'il ne soit précédé d'un autre complément.

Exemples.

Louis le Grand a fait lui seul plus d'exploits que les autres n'en ont *lu*.
Vous avez plus de richesses que je ne vous en ai *donné*.
Voilà de beaux fruits, j'en ai *acheté*.

Remarque. Le pronom *en* est toujours régime indirect; il signifie *de lui, d'elle, de cela, de cette chose*.

Mais quand le participe précédé du pronom *en* est lui-même précédé d'un autre pronom qui est son régime direct, ce participe s'accorde avec le régime.

Exemples.

Voilà les grâces que j'en ai *obtenues*.
La somme que nous en avons *reçue*.

Le sujet placé après le verbe n'empêche point l'accord du participe.

Exemples.

Il ne peut rien offrir aux yeux de l'univers
Que de vieux parchemins qu'ont *épargnés* les vers.
(BOILEAU.)

La joie qu'ont *ôtée* les remords.

OBSERVATIONS SUR CERTAINS VERBES QUI SONT TANTÔT ACTIFS, TANTÔT NEUTRES.

1. Le verbe *servir* est actif quand il a pour sujet un nom de personne ; il est neutre si son sujet est un nom de chose.

Exemples.

Cet homme nous a bien *servis*.
La personne qui nous a *servis* dans cette affaire.
Cette épée nous a bien *servi*.

2. *Manquer* est actif quand il signifie ne pas atteindre le but, l'objet, l'heure, etc.

Exemples.

L'occasion que nous avons *manquée*.
Les cerfs que nous avons *manqués*.
Il nous a visés et nous a *manqués*.

Manquer est neutre quand il est pris dans une autre signification.

Exemples.

Les personnes qu'ils ont *manqué* de tuer.
Les vivres nous ont *manqué*.

3. *Insulter*, signifiant maltraiter de fait ou de parole, est actif.

Exemples.

Cet ivrogne nous a *insultés*.
Il nous a *insultés* grossièrement.

Insulter est neutre s'il signifie manquer à ce qu'on doit aux personnes et aux choses.

Exemples.

Il nous a *insulté* par son luxe.
Il nous a *insulté* par son arrogance.

4. *Applaudir* est actif quand il signifie témoigner par des battements de mains, par des cris, que l'on approuve une personne, une chose.

Exemples.

Les acteurs que nous avons *applaudis*.
Les discours que nous avons *applaudis*.

Mais *applaudir* est neutre quand on veut témoigner qu'une chose est digne d'éloge.

Exemple.

Il nous a *applaudi* d'avoir agi de la sorte.

5. *Valoir*, signifiant procurer, rapporter, et *coûter*, signifiant occasionner, exiger, sont actifs.

Exemples.

Les honneurs que ses talents lui ont *valus*.
Les peines que cette affaire m'a *coûtées*.

Quand *valoir* et *coûter* ont une autre signification, ils sont neutres et leur participe invariable.

Exemples.

Cette maison a *coûté* cent mille francs.
Ces biens ont *coûté* cher.

6. *Aider* est actif lorsqu'il signifie prêter secours à une personne sans partager sa peine, son travail.

Exemples.

Il nous a *aidés* à payer nos dettes.
Il les a *aidés* de son argent.

Aider est neutre et son participe invariable quand il signifie partager la peine, le travail d'une personne.

Exemples.

Il nous a *aidé* à porter ce fardeau.
Il nous a *aidé* à charger les marchandises.

Remarque. Quand *le peu* veut dire *une petite quantité*, le participe passé d'un verbe actif s'accorde avec le régime direct qui le précède et qui tient la place du substantif qui suit les mots *le peu*.

Exemples.

Le peu d'ambition qu'il a *eue*.
Le peu de connaissances qu'il a *acquises*.

Mais si *le peu* veut dire *le manque, le défaut*, le participe ne s'accorde pas.

Exemples.

Le peu d'affection que vous lui avez *témoigné* (c'est-à-dire vous ne lui avez pas témoigné d'affection).
Le peu de lumières qu'il a *acquis* (c'est-à-dire, il n'a pas acquis de lumières).

QUESTIONNAIRE.

Quelle est la règle du participe suivi d'un verbe à l'infinitif ? — Quand l'infinitif est sous-entendu, doit-on faire accorder le participe ? — Si le participe *fait* est suivi d'un verbe à l'infinitif, quelle règle doit-on suivre ? — Parlez du participe précédé d'une préposition et du participe *laissé*. — Le participe d'un verbe *neutre* est-il invariable ? — Quelle est la règle du participe passé des verbes *pronominaux* et des verbes *unipersonnels*? — Parlez du participe entre deux *que* et du participe précédé de la préposition *en*. — Quels sont les verbes qui sont tantôt actifs, tantôt neutres, et quelle règle suit le participe passé de ces verbes ?

DE L'ADVERBE.

Dedans, dehors, dessus, dessous, alentour, auparavant, sont des adverbes; comme tels ils n'ont pas de complément. On ne peut pas dire : il est *dedans* le jardin, ils sont *dehors* de l'église, *dessus* la terrasse, *dessous* la treille, *alentour* des remparts. Il faut dire :

il est *dans* le jardin; ils sont *hors* de l'église, *sur* la terrasse, *sous* la treille, *autour* des remparts.

C'est à tort que l'on dit : J'irai vous voir *aussitôt* mon arrivée à Paris, *aussitôt* mon déjeuner. Dites : J'irai vous voir *aussitôt après* mon arrivée, *aussitôt après* mon déjeuner.

L'adverbe *davantage* ne peut être suivi d'un complément. On ne doit pas dire : J'aime *davantage* les plaisirs de la campagne que ceux de la ville; mais bien : J'aime *plus* les plaisirs de la campagne que ceux de la ville. Ne dites pas non plus : La peinture est, de tous les arts, celui que j'aime *davantage*, mais celui que j'aime *le plus*.

TOUT, QUELQUE.

Tout aimable qu'est votre frère, veut dire qu'on ne saurait contester son amabilité.

Quelque aimable que soit votre frère, signifie qu'il peut être aimable, mais que c'est une qualité qui n'est pas reconnue comme évidente.

Quelquefois on emploie *si* pour *quelque*, on dit : *si* belle que soit cette maison, elle a ses désagréments.

DE SUITE, TOUT DE SUITE.

De suite, veut dire sans interruption, successivement.

Tout de suite, signifie sur-le-champ, aussitôt.

COMME, COMMENT.

Comme, veut dire *à quel degré*; exemple : mon frère est très-actif, voyez *comme* il travaille.

Comment, signifie *de quelle manière*; exemple : *comment* vont les affaires de l'État?

TOUT A COUP, TOUT D'UN COUP.

Tout à coup, s'emploie pour *à l'instant, soudainement*. Le tonnerre est tombé *tout à coup*.

Tout d'un coup, signifie *en une fois*; exemple : il a bu une bouteille *tout d'un coup*.

BIEN, TRÈS.

L'emploi de ces deux adverbes n'est pas indifférent : *très* ne peut modifier que des adverbes ou des adjectifs. Il ne faut pas dire : j'ai *très* peur, *très* soif, *très* faim ; mais j'ai *bien* peur, *bien* soif, *bien* faim.

AU MOINS, DU MOINS.

Au moins, veut dire *pour le moins*; exemple : l'ironie, par elle-même, n'a rien de tragique, il faudrait *au moins* qu'elle fût noble.

Du moins, n'est qu'un correctif d'une idée déjà exprimée ; exemple : si cet ouvrage n'a pas le mérite de la perfection, il a *du moins* celui de la nouveauté.

BIEN, BEAUCOUP.

Bien exprime moins que *beaucoup*; exemple : il y avait *bien* du monde, il y avait *beaucoup* de monde.

On emploie quelquefois le mot *nombre* pour *bien*; exemple : *nombre* d'historiens ont raconté cet événement.

SI, AUSSI.

Aussi s'emploie dans les propositions affirmatives, positives ; exemple : il est *aussi* aimable que vous.

Si, est d'usage dans les phrases négatives ; exemple : il n'est pas *si* instruit qu'on le croit généralement.

EMPLOI DES NÉGATIONS.

Non et *ne* sont les principales expressions négatives ; les autres sont : *point, pas, rien, jamais, nullement, guère*.

Ne est souvent employé seul, comme : il *ne* peut venir, il *n*'ose, il *ne* viendra qu'avec son frère.

Point nie plus que *pas;* exemples : il n'entend *pas*, il n'entend *point;* il ne voit *pas*, il ne voit *point*.

Ne s'emploie suivi de *pas* dans beaucoup de locutions. Exemples : mon père *ne* vient *pas*, je suis inquiet. Mon frère *n'a pas* dix ans.

On supprime quelquefois *pas* et *point*, comme dans les exemples suivants : il *n'a* ni père ni mère, il *ne* sort guère, il *ne* boit plus. Ces exemples font voir que la suppression de *pas* et *point* a lieu lorsque la proposition a un sens négatif.

La particule *ne* se place seule après les verbes *douter, nier, disconvenir*, quand ces verbes sont accompagnés d'une négation. Exemples : *il ne nie pas que cela ne soit vrai, il ne doute pas de vos bonnes intentions à son égard.*

Compter pour rien signifie généralement compter pour peu de chose, faire peu de cas; *ne compter pour rien*, veut dire ne faire aucun cas.

Exemples.

C'est un grand talent de tourner en émulation le sentiment de l'amour-propre, et de l'habituer, par des succès utiles, à ne compter *pour rien* ceux de la vanité. (MARMONTEL.)

Vous qui craignez les dieux et qui aimez votre devoir, comptez-vous *pour rien* de servir le roi? (FÉNELON.)

Laveaux dit que *il s'en faut* exprime une privation, une absence dont le sens négatif se porte sur une proposition subordonnée.

Exemples.

Il s'en faut de beaucoup que la somme y soit.

Il s'en faut que tous les gouverneurs romains fussent de ce caractère. (ROLLIN.)

QUESTIONNAIRE.

L'adverbe a-t-il un régime? — Quelle distinction doit-on faire entre *de suite, tout de suite; comme, comment; tout à coup, tout d'un coup; au moins, du moins; si et aussi?* — Quel est l'emploi des expressions négatives? — Quelle différence y a-t-il entre *pas* et *point?*

DE LA PRÉPOSITION.

La *préposition* est, comme nous l'avons dit, un mot invariable qui a ordinairement un régime ou un complément. Parmi les différentes espèces de prépositions, il y en a qui, dans leur emploi, présentent des difficultés dont nous allons nous occuper.

EN, DANS.

Les prépositions *en* et *dans* ne peuvent être employées indifféremment : la première a un sens indéfini ; elle est rarement suivie de l'article, on dit : *Il est en France, en province, en ville*. *Dans* désigne au contraire un rapport déterminé et doit être suivi de l'article ; exemple : *Il est dans la maison, dans le jardin*.

PENDANT, DURANT.

La première de ces deux prépositions peut régir un *que*, mais non la dernière. On peut dire également : *Pendant la fête, durant la fête* ; mais on ne pourrait écrire : *Durant que la fête se célébrait* ; il faut dire, *pendant que la fête se célébrait*.

AUTOUR, ALENTOUR.

On ne doit pas confondre ces deux mots. *Autour* a un régime ; alentour n'en a pas, en sa qualité d'adverbe, et ne s'emploie qu'à la fin d'une phrase. Il faut dire : *Il est autour de la maison, les gardes étaient alentour*.

AU TRAVERS, A TRAVERS.

Au travers est accompagné de la préposition *de* et de l'article : *au travers des champs*. *A travers* prend l'article, mais jamais la préposition *de*. Exemple : *je l'ai suivi à travers les champs*.

PRÈS DE.

Près de moi, *près* d'ici ; dans le style familier, on sous-entend quelquefois *de : près* l'église.—L'usage a consacré cette locution abusive : Ambassadeur *près* la cour de....

Près de exprime qu'une action est sur le point de se faire, on dit : *Il est près de partir pour la campagne.* *Prêt à* n'est point préposition, mais adjectif, et signifie qu'on a fait toutes les dispositions nécessaires : *Il est prêt à partir pour Paris.*

Remarque. Il est facile de concevoir, d'après cette règle, que l'expression *prêt à* supposant une volonté, une intention, ne peut s'appliquer qu'aux personnes ; on ne doit pas dire : *L'aurore est prête à paraître, le soleil est prêt à se lever.*

Près peut être pris adverbialement, et alors, il n'a pas de régime : regarder *de près*, à *peu près*.

SAIGNER DU NEZ, SAIGNER AU NEZ.

Saigner au nez n'est pas français ; il faut dire dans tous les cas : *saigner du nez*.

NE SERVIR A RIEN, NE SERVIR DE RIEN.

Ne servir à rien éveille une idée de nullité relative ; *ne servir de rien* exprime une idée de nullité absolue.

Exemple.

Il met toute sa gloire et son souverain bien
A grossir un trésor qui *ne lui sert de rien*.

EMPRUNTER A, EMPRUNTER DE.

Si le verbe *emprunter* a pour complément indirect un nom de personne, il veut être suivi de la préposition *à* : Exemple : *j'ai emprunté cette somme à mon ami*. Mais quand le verbe *emprunter* a pour régime indirect un nom de chose, il veut la préposition *de*. Ex. *les planètes empruntent leur lumière du soleil.*

RETRANCHER A, RETRANCHER DE.

Retrancher à signifie priver, imposer une privation à quelqu'un; on dit : *retrancher le vin à un malade*. *Retrancher de* veut dire ôter quelque chose d'un tout. Exemple : *il faut retrancher une strophe de cette ode*.

A, DE.

Comme on le voit, les prépositions *à* et *de* ne s'emploient pas indifféremment après les verbes. Nous avons déjà dit (p. 173) qu'on met *à* après certains verbes, tels que *aimer, inviter, tarder, se résoudre, chercher, engager, habiter, hésiter, accoutumer, s'efforcer* (ayant rapport aux forces physiques : *s'efforcer à courir*), *faillir, forcer, parvenir, s'obstiner, songer, continuer, obliger, oublier* (signifiant perdre l'habitude). Il faut mettre la préposition *de* après certains autres verbes tels que : *différer, manquer, résoudre, prier* (à moins qu'il ne signifie *inviter à un repas*), *conseiller, se lasser, proposer, se presser, s'empresser, se proposer*, etc.

APPLAUDIR A.

Applaudir à quelqu'un signifie, on le sait (p. 187), le féliciter de ses succès. *Applaudir quelqu'un* veut dire battre des mains pour lui témoigner son approbation.

ÉCLAIRER A QUELQU'UN.

On ne dit plus : *éclairer à quelqu'un*, pour ordonner qu'on porte un flambeau. Au propre comme au figuré il faut dire : *éclairer quelqu'un*.

METTRE A.

Mettez un bouton à son habit est bien parlé; mais ne dites pas : *j'ai mis mon mouchoir à la poche*. Il faut dire : *j'ai mis mon mouchoir dans ma poche*.

APRÈS.

Ne dites pas : il est *après à lire*, il y a de la boue *après mon bas*, la clef est *après la porte*. Il faut dire : *il est à lire, il y a de la boue à mes bas, la clef est à la porte*.

Mais on peut dire : *crier après quelqu'un*, ou *attendre après quelqu'un*.

AVEC.

Il y a des personnes qui s'expriment ainsi : *j'ai fait un déjeuner de café, de fruits, de poulet, un dîner de rôti*, etc. Toutes ces expressions sont vicieuses. Il faut dire : *j'ai pris du café à mon déjeuner; j'ai mangé des fruits, du poulet ; j'ai dîné avec du rôti*, etc.

CONTRE.

On ne dit pas : *j'étais assis contre quelqu'un, j'ai passé contre quelqu'un*. Mais : *j'étais assis près de quelqu'un, j'ai passé à côté de quelqu'un*.

EN CAMPAGNE, A LA CAMPAGNE.

En campagne signifie être à la guerre, en voyage ; on dit : *il met tous ses gens en campagne pour aller à la découverte*.

A la campagne présente un autre sens : *Mon frère est à la campagne, je dois aller à la campagne, il est allé à la campagne*.

VIS-A-VIS.

Bien des personnes disent : *il est ingrat vis-à-vis de son père, il s'est mal conduit vis-à-vis de ses amis*. Ces manières de parler sont incorrectes. On doit s'exprimer ainsi : *il est ingrat à l'égard de son père; il s'est mal conduit à l'égard de ses amis*, ou *avec ses amis*.

TOMBER PAR TERRE, TOMBER A TERRE.

Une personne, une chose qui touche la terre, *tombe*

par terre. Exemples : *cet enfant est tombé par terre, ce sac est tombé par terre*. Mais si l'on parle d'un objet qui est au-dessus de la terre, il faut dire *tomber à terre*. Exemple : *le vent a fait tomber à terre tous les fruits de notre jardin.*

DE.

Ne dites pas : *je crois de le voir, j'espère de le voir;* mais *je crois le voir, j'espère le voir*. On ne doit pas dire non plus : *Je sors, crainte qu'il ne vienne;* mais *je sors, de crainte qu'il ne vienne.*

DE LA CONJONCTION.

La conjonction *ni* ne s'emploie que dans les propositions négatives ; elle lie ces propositions ou les parties qu'elles renferment, et ne peut être remplacée par *et* ni par *ou*. Ce serait une faute de dire : *je vous empêcherai de parler, ni d'agir;* il faut, *je vous empêcherai de parler et d'agir*, parce que la préposition est affirmative.

> Ruffus n'a de soutien *ni* d'amis que Caton,
> Et je n'ai convaincu *ni* lui, *ni* Cicéron.

Dans ces vers de Crébillon les propositions étant négatives, la conjonction *ni* est nécessaire.

Que conjonctif doit être supprimé après *avant*, quand la proposition est suivie d'un infinitif. Ainsi, l'on doit dire : *avant de partir*, et non *avant que de partir*, parce que la conjonction *que* suppose toujours un subjonctif.

L'usage autorise à dire : *Cela ne laisse pas que de faire de la peine*. Il faut également conserver le *que* conjonctif dans ces phrases : *c'est se méprendre bien grossièrement que de croire être apte à tout. C'est être de mauvaise foi que de contester une chose si claire. C'est être innocent que d'être malheureux.* (LA FONTAINE). *C'est une belle chose que de garder le secret* (ACADÉMIE).

Malgré que, durant que, à cause que, sont des conjonctions composées qui ont vieilli et qui ne sont plus en usage.

Il ne faut pas employer *comme* pour *que;* ne dites pas : *je partirai aussitôt comme vous,* mais bien : *je partirai aussitôt que vous.*

QUESTIONNAIRE.

Faites connaître la différence qui existe entre les prépositions *en* et *dans, pendant* et *durant, autour* et *alentour, au travers* et *à travers,* etc. — Doit-on dire *saigner du nez* ou *saigner au nez?*—Quelle différence y a-t-il entre ces expressions : *ne servir à rien, ne servir de rien; emprunter à, emprunter de; retrancher à, retrancher de; applaudir à quelqu'un, applaudir quelqu'un; mettre à, mettre dans; aller en campagne, aller à la campagne; tomber à terre, tomber par terre?* — Comment emploie-t-on la conjonction *ni?* — Dans quelles circonstances la conjonction *que* doit-elle être supprimée?— L'usage permet-il maintenant ces expressions : *malgré que, durant que, à cause que?*

DE LA CONSTRUCTION.

On doit en général supprimer dans une phrase tout ce qui est inutile à la clarté et à la force de l'expression.

On appelle *construction* l'arrangement des mots qui composent une phrase.

Il y a deux sortes de constructions : la construction *directe* et la construction *inverse.*

La construction est *directe,* quand les termes de la proposition sont rangés dans l'ordre grammatical, c'est-à-dire que le *sujet* commence la phrase, qu'il est immédiatement suivi du *verbe,* et celui-ci de son *régime ;* qu'enfin chaque complément est suivi du mot qui le régit. On désigne aussi cette construction sous le nom de *construction simple.*

Exemples.

Socrate fut condamné injustement.
Aristide aimait la vertu.
Il mourut pauvre.

La construction est appelée *inverse* quand les mots ne sont pas dans l'ordre des idées et des rapports que les mots ont entre eux. L'inversion est non-seulement admise dans notre langue, mais elle est parfois une beauté, si elle ne nuit pas à la clarté ; on l'emploie souvent dans le style poétique.

Exemples.

Ce qu'on ne doit point voir, qu'un récit nous l'expose.
(BOILEAU.)

Il fut de ses sujets le vainqueur et le père.
(*Henriade.*)

Voici l'ordre direct :

Qu'un récit nous expose ce qu'on ne doit point voir.
Il fut le vainqueur et le père de ses sujets.

Nous allons offrir d'autres exemples qui pourront servir à exercer les élèves.

Tu sais qu'*à mon devoir* toute entière attachée
J'étouffai *de mes sens* la révolte cachée :
Et déguisant mon trouble, et dévorant mes pleurs,
Je n'osais à *moi-même* avouer mes malheurs.
(VOLTAIRE.)

A tous les cœurs bien nés que la patrie est chère !
(VOLTAIRE.)

Ceux-ci (les raisins) *sur les rochers* se cuiront lentement,
Ceux-là s'amolliront dans l'airain écumant ;
Ici *d'un jus vermeil* la sève généreuse
Dans nos veines répand une chaleur heureuse.
(DELILLE.)

Hermione, seigneur, il *la* faut oublier.
(RACINE.)

A la fierté, *au* courage, *à la* force, le lion joint la noblesse, la clémence, la magnanimité. (BUFFON.)

Que la fortune donc me soit mère ou marâtre,
C'en est fait, *pour barreau, je* choisis le théâtre ;

*Pour client la vertu, pour loi la vérité,
Et pour juge mon siècle et la postérité.*
(La Métromanie.)

Dans ces vers de la *Métromanie*, il y a trois propositions elliptiques où l'on sous-entend *je choisis*.

CHAPITRE II.

DE L'ORTHOGRAPHE.

L'orthographe est l'art d'écrire les mots en se conformant aux règles et aux lois de l'usage.

Signes orthographiques.

Les signes orthographiques sont : les accents, l'apostrophe, le trait d'union, le tréma, la parenthèse et les signes de la ponctuation dont nous faisons un article spécial.

DES ACCENTS.

On distingue trois espèces d'accents : l'accent *aigu* (é), l'accent *grave* (è) et l'accent *circonflexe* (ê). Ces accents se placent sur les voyelles pour en déterminer la prononciation.

L'accent *aigu* se met sur les *e* fermés : *témérité, bonté, humanité,* etc.

L'accent *grave* se met sur les *e* ouverts : *modèle, zèle, collègue.* Cet accent se met aussi sur certains mots invariables, comme *deçà, déjà, delà, voilà, holà, où, là* et *à* préposition.

L'accent *circonflexe* se place sur les voyelles longues : *apôtre, épître, dôme.* On met également cet accent sur l'avant-dernière syllabe de la première et de la seconde personne plurielle du prétérit défini :

nous chantâmes, vous aimâtes ; nous finîmes, vous finîtes ; nous reçûmes, vous reçûtes ; nous rendîmes, vous rendîtes, etc. On l'emploie aussi à la troisième personne du singulier de l'imparfait du subjonctif, *qu'il finît, qu'il chantât, qu'il reçût, qu'il rendît,* etc., ainsi que sur l'*u* de l'auxiliaire du conditionnel passé et du plus-que-parfait du subjonctif : *il eût chanté, qu'il eût chanté.*

REMARQUES SUR L'ACCENTUATION.

1re *remarque.* On ne place l'accent grave et l'accent aigu sur l'*e* que lorsque cette voyelle n'est suivie d'aucune consonne avec laquelle elle fasse partie de la même syllabe : ainsi on doit placer l'accent sur les *e* de *té-mé-ri-té ;* mais on ne le posera point sur ceux de *pa-ter-nel.*

2e *remarque.* L'*e* qui est suivi de deux consonnes ne prend jamais d'accent. Exemples : il *appelle*, il *jette, lettre,* etc.

3e *remarque.* La lettre *x* ayant la valeur d'une lettre double, l'*e* qui la précède ne doit point avoir d'accent: *exil, examen, exiger,* etc.

4e *remarque.* L'*e* ouvert suivi d'une syllabe où se trouve un *e* muet, prend l'accent grave. Exemples : *fidèle, zèle, particulière.*

On écrit : *aimé-je, louë-je, puissé-je,* etc.

5e *remarque.* Dans quelques verbes, l'*e* muet et l'*e* fermé deviennent ouverts et prennent l'accent grave, lorsque la voyelle qui fait partie de la syllabe suivante cède la place à l'*e* muet : ainsi dans les mots *répéter, compléter, lever, geler,* etc., on écrit : je *répète,* je *complète,* je *lève,* il *gèle,* etc.

DU TRÉMA.

Le tréma (ë) est un signe que l'on place dans certains cas sur les voyelles *e, i, u.* Exemple : *haïr, ambiguë, ciguë, héroïque, naïf,* etc.

DE L'APOSTROPHE.

L'*apostrophe* (') indique le retranchement d'une lettre : ce retranchement a lieu pour éviter la rencontre de deux voyelles, ou d'une voyelle et d'un *h* muet. Ainsi, au lieu d'écrire *la amitié, la humanité*, on dit *l'amitié, l'humanité*.

On dit par exception : *grand'mère, grand'place, grand'chose ;* et quelquefois : *grand'croix, grand'messe, grand'peur*, etc.

On emploie l'apostrophe dans les mots suivants : *presqu'île, entr'acte, entr'aider*, et dans certains autres.

DU TRAIT D'UNION.

Le *trait d'union* (-) est un signe qui sert à lier certains mots ; il se place :

1° Entre le verbe et le pronom, sujet ou régime, lorsque le pronom se trouve après le verbe, ce qui arrive principalement dans les phrases interrogatives. Exemples : *viendras-tu? approche-toi, irai-je?*

2° Lorsque la troisième personne d'un verbe finit par une voyelle, et que le pronom commence par une autre voyelle, on place un *t* euphonique précédé et suivi d'un trait d'union : *puisse-t-il, va-t-on, gagne-t-on?*

3° On l'emploie aussi pour lier *ci, là*, à un autre mot : *celui-ci, celui-là, là-dessus, jusque-là, ci-contre, ci-devant*.

4° Le mot *très* se joint à l'adjectif ou à l'adverbe par un trait d'union. Exemples : *très-beau, très-utile, très-sagement*.

5° Le mot *même* se lie au pronom qui le précède par le signe dont nous parlons : *lui-même, moi-même, toi-même*.

6° Enfin, le trait d'union sert à joindre plusieurs mots qui n'en présentent qu'un par le sens ; tels sont les suivants :

Abat-jour.
Arc-en-ciel.
Au-dessus.
Au-dessous.

Au-devant.
Avant-coureur.
Avant-hier.
Bien-être.
Cerf-volant.
C'est-à-dire.
Chef-lieu.
Contre-coup.
Contre-marque.
Contre-poids.
Contre-poison.
Contre-temps.
Dame-jeanne.
Demi-lune.
Entre-côte.
Fer-blanc.
Garde-manger.
Garde-robe.
Hors-d'œuvre.
In-douze.
In-octavo.
Non-seulement.
Non-valeur.
Outre-passer.
Par-dessus.
Passe-droit.
Passe-partout.
Passe-port.
Passe-temps.
Petit-maître.
Peut-être.
Porte-voix.
Quelques-uns.
Rendez-vous.
Sous-entendre.
Sous-lieutenant.
Sous-préfet.
Sous-maître.
Vis-à-vis.
Volte-face, etc.

DE LA CÉDILLE.

La *cédille* est un signe orthographique qui se place sous le *c* pour en modifier la prononciation, et lui donner le son de *se* ; ce signe se met sous les voyelles *a*, *o*, *u*, comme dans les mots suivants : *commerçant, façade, leçon, garçon, hameçon,* nous *reçûmes,* etc.

On sait que pour adoucir la prononciation d'une autre lettre, du *g* devant les mêmes voyelles *a*, *o*, *u*, on place un *e* après ce *g* pour lui donner le son de *je*. Exemples : *engageant, gageant, gageure, plongeon, ménageant,* etc.

DE LA PARENTHÈSE.

La *parenthèse* ( ) sert à isoler les mots, ou la proposition dont le sens n'est pas indispensable au sens principal de la phrase.

Exemple.

Ma gloire (*et je la dois à ces vertus sévères*),
Est de ne rien tenir des vertus de mes pères.

L'écrivain ne doit point abuser de la parenthèse; il vaut mieux, autant que cela se peut, employer la virgule.

QUESTIONNAIRE.

Qu'appelle-t-on construction, et combien y en a-t-il d'espèces? — Qu'est-ce que l'orthographe? — Parlez des signes orthographiques. — Combien y a-t-il d'accents? — Quel est l'emploi des accents? — Parlez du tréma, de l'apostrophe, du trait d'union, de la cédille, de la parenthèse et des usages de ces différents signes.

Des lettres majuscules.

Les lettres *majuscules* servent à rendre plus sensibles aux yeux les divisions du discours, les alinéa, les mots pris dans un sens individuel, etc. On les place:

1° Au commencement de chaque alinéa et de chaque phrase;

2° A tous les noms propres d'hommes, de pays, de villes, de fleuves, de montagnes, etc.;

3° A tout nom qui fait le sujet d'un ouvrage;

4° A tout nom de divinité, de dignité;

5° On met aussi une majuscule au commencement de chaque vers.

Des homonymes.

Il y a des mots dont la prononciation est à peu près identique, qui ont un sens différent et n'ont pas la même orthographe; ces mots sont appelés homonymes. En voici le tableau.

TABLEAU DES HOMONYMES.

A, troisième personne du verbe *avoir*; j'ai, tu as, il *a*.

A, préposition. *Il va à Paris. Il est à Rome.*

Ah! exprime la douleur, la joie. *Ah! quel malheur!*

Ha! marque la surprise, l'étonnement. *Ha! je le vois!*

Alène, poinçon de fer dont se servent les cordonniers.

Haleine, respiration. *Il perd haleine.*

Amande, fruit de l'amandier.

Amende, peine pécuniaire.

Ancre d'un vaisseau.

Encre pour écrire.

Anoblir, donner la noblesse à quelqu'un. *Le roi l'avait anobli*.

Ennoblir signifie donner de l'éclat, du lustre. *Ce mot ennoblit la phrase.*

Appas, charmes, attraits.

Appât, pâture; et aussi l'appât de la flatterie, l'appât du gain.

Auspices. Sous d'heureux auspices.

Hospice, lieu où l'on reçoit les malades.

Aveuglement, substant. C'est un étrange aveuglement.

Aveuglément, adverbe. Il agit aveuglément.

Balai, instrument pour balayer.

Ballet, espèce de danse.

Bête, animal stupide.

Bette, plante potagère, poirée.

Cahot, mouvement d'une voiture.

Chaos, confusion, désordre, assemblage confus.

Censé, réputé, considéré comme. *Il est censé avoir donné sa démission.*

Sensé, qui a du bon sens. *C'est un homme bien sensé.*

Chœur de musique.

Cœur, organe de la circulation du sang.

Clause, article, condition particulière d'un acte, d'un contrat.

Close, féminin de clos. *La porte est close.*

Coi, tranquille. *Il se tient coi.*

Quoi, pronom interrogatif. *De quoi s'agit-il?*

Conte, conter, raconter.

Compte, compter, calculer.
Comte, titre de noblesse.

Cor, cor de chasse; cor des pieds ou durillon.

Corps, tout ce qui est matière.

Côte, os, rivage de la mer, colline, etc.

Cote, marque sur un papier, sur un livre. *Ces papiers ne sont pas cotés.*

Danse, l'art de danser, danseur.

Dense, épais, pesant.

Date d'une lettre, dater.

Datte, fruit du dattier.

Dégoûter, ôter le goût.

Dégoutter, couler goutte à goutte.

Dessein, intention, projet.

Dessin, dessiner.

Du, article composé mis pour *de le*.

Dû, participe du verbe devoir.

Echo, répétition du son.

Ecot, quote-part.

Envi, à l'envi, c'est-à-dire avec émulation. *Ils travaillent à l'envi.*
Envie, passion des cœurs bas.

Enter, greffer; terme d'agriculture.
Hanter, fréquenter.

Exaucer, écouter favorablement. *Il a exaucé ma prière.*
Exhausser, élever. *Exhausser un plancher, un mur.*

Faîte, comble, sommet. *Le faîte d'un palais, le faîte des honneurs.*
Fête, jour de repos. *Un jour de fête.*

Fond, la partie la plus basse. *Le fond d'un puits.*
Fonds, et *fonts*: fonds d'une terre, somme d'argent, capital; *fonts baptismaux.*

Gai, joyeux.
Gué, lieu d'une rivière où l'eau est basse. *Passer à gué.*

Gale, maladie de la peau.
Galle, noix de galle.

Haire, chemise de crin, instrument de pénitence.
Hère, terme de mépris. *C'est un pauvre hère.*

Air, l'air que nous respirons.
Aire, place où l'on bat le grain.

Héraut, crieur public.
Héros, homme qui s'est illustré par sa valeur.

Hôte, celui qui donne ou qui reçoit l'hospitalité.
Hotte, sorte de panier qu'on porte sur le dos.

Jeune, l'opposé de vieux.
Jeûne, s'abstenir de manger.

La, article et pronom.
Là, adverbe de lieu.

Lac, grand amas d'eau.
Lacs, lacet, piège.

Malle, espèce de coffre. *Mal*, souffrance.
Mâle, celui qui est du sexe masculin.

Môle, jetée de pierres.
Molle, féminin de mou.

Mur, muraille.
Mûr. Du fruit mûr.

Patte d'un animal.
Pâte pour faire le pain.

Panser une plaie.
Penser, réfléchir.

Paume, balle à jouer, et *paume*, dedans de la main.
Pomme, fruit du pommier.

Plain, plaine; un terrain plain, une belle plaine.
Plein, pleine, rempli, remplie. *Elle est pleine de bonté.*

Poids pour peser.
Pois, légume.

Poing, la main fermée. *Un coup de poing.*
Point, adverbe de négation.

Pou, insecte.
Pouls, battement des artères.

Raisonner, faire des raisonnements. — *Résonner*, retentir.

Sale, malpropre. — *Salle*, appartement.

Sceau, cachet. *Mettre le sceau.* — *Seau* d'eau. Il pleut à seaux.

Sou, pièce de monnaie. — *Soûl, soûle*, rassasié, ivre.

Sur, préposition. *Sur la table.* — *Sûr, sûre*, assuré. Il est sûr.

Tache, souillure. *Il a taché son habit.* — *Tâche*, travail imposé à quelqu'un. *Il a fait sa tâche.*

Tante, la sœur du père ou de la mère. — *Tente*, pavillon, toile tendue.

Taux, prix des marchandises. — *Tôt*, adverbe. *Tôt ou tard.*

Taon (qu'on prononce *ton*), grosse mouche. — *Thon*, poisson.

Tribu, famille, section d'un peuple. *Rome était divisée en tribus.* — *Tribut*, impôt.

Ver, insecte; *verre* à boire; *vert*, adjectif. — *Vers* d'un poëme. *Vers*, préposition. *Vers la ville.*

Van, instrument pour nettoyer le grain. — *Vent*, agitation de l'air.

Vanter, louer. *On ne doit pas se vanter.* — *Venter*, faire du vent.

Il y a encore beaucoup d'homonymes, mais nous avons cru devoir nous borner à faire connaître les principaux; l'usage apprendra les autres.

QUESTIONNAIRE.

Quel est l'emploi des lettres majuscules? — Qu'appelle-t-on homonymes? — Faites connaître les principaux.

Remarques sur l'orthographe de certains mots.

AM, AN

On doit employer la lettre *m*, lorsque la syllabe est suivie de *p* ou de *b*. Exemples: *ambassadeur, emprisonner, ensemble, temps*, etc., mais dans tous les autres cas on met *n*.

B

Il y a des mots, dans la langue française, qui exigent deux *b*; par exemple : *abbé, abbaye, abbatial, abbesse,* etc.

C

On double le *c* dans un assez grand nombre de mots qui commencent par *ac, oc, suc*; comme dans les mots suivants, dans leurs dérivés et leurs composés : *accabler, accaparer, accommoder, accourir, occuper, occasionner, succomber,* etc. Mais on écrit avec un seul *c, académie, acariâtre, âcre, oculaire,* etc.

D

Dans les mots où l'on emploie le double *d* on doit le faire sentir; comme dans *addition, reddition,* etc.

E, ER

Lorsqu'on est dans le doute pour savoir si un nom ou un adjectif doit être terminé par *é* ou par *er*, il faut former le féminin de ce nom ou de cet adjectif; et si le féminin se termine en *re*, la lettre *r* doit se trouver dans le masculin : ainsi, écrivez : *léger, altier, messager, portier, étranger,* parce qu'au féminin on dit : *légère, altière, messagère, portière, étrangère.*

EZ, S

Ez termine invariablement les secondes personnes plurielles des verbes, comme *vous aimez, vous travaillez, vous priez*. On emploie aussi la lettre *z* à la fin des mots : *assez, chez, nez*.

S est la marque distinctive du pluriel des noms et des adjectifs. Le participe passé étant considéré comme un adjectif, on le termine par *és* au pluriel. Exemples : *vous êtes aimés, nous sommes estimés.*

F

On double l'*f* dans les mots qui commencent par *af, dif, ef, of* : comme dans *affable, affamer, affecter, affermir, afficher, diffamer, différence, effacer, effaroucher, effrayer, offenser, offrir,* etc. Mais on écrit : *Afrique, café, défendre* et ses dérivés, *déférer, défaut.*

G

Il y a peu de mots dans la langue française qui emploient le double *g*; ils peuvent se réduire à ceux-ci : *agglomérer, aggraver, agglutiner* et leurs dérivés. On doit écrire avec un seul *g*, *agrandir, agresseur, agréer, agrégé*.

L

Les mots qui commencent par *al, il*, prennent deux *l*, comme dans *allier, alliance, allumer, allure, illégal, illégitime*, etc. Il en est de même des féminins des adjectifs qui se terminent en *el, ol*, comme *bel, belle; tel, telle; mortel, mortelle; cruel, cruelle; mol, molle; fol, folle*; etc. On écrit *fidèle*, sans lettre double.

M

On met généralement deux *m* après les syllabes *hom, im, som, com, gom, pom*. Exemples : *homme, hommage, commander, gomme, pomme, somme, immense*, etc. Cette règle a cependant beaucoup d'exceptions. Ecrivez : *comédie* et ses dérivés, *comédien, comique, comète, comité, comestible*, etc.

N

Dans les adjectifs terminés par *en* ou par *on*, on emploie deux *n*; comme *mien, mienne; tien, tienne; bon, bonne*, etc. On doit écrire aussi avec deux *n* les dérivés des noms terminés en *n*, comme *moisson, moissonner; pardon, pardonner; citron, citronner; an, année, annuel*, etc.

P

On double le *p* dans la plupart des mots qui commencent par *ap, rap, sup* : *approcher, rapporter, supporter*, etc. On écrit par un seul *p* : *apaiser, aplanir, aplatir, apercevoir, apologue, apostille, apostrophe, apôtre, apitoyer*.

Q

La lettre *q* doit être, au commencement et dans le

corps des mots, constamment suivie d'un *u*. Exemples : *qualité, quantité, iniquité.*

R

On met deux *r* dans les mots qui commencent par *cor, er, hor, ir* ; comme dans *corriger, correspondre, erreur, irriter, horreur,* etc. ; et surtout dans ceux qui commencent par *ar* : *arriver, arrière, arroser, arrondir,* etc. ; mais on écrira : *aride, arabe, araignée, ariette, arithmétique,* etc.

On doit doubler le *r* au futur et au conditionnel des verbes. *Nous courrons, nous mourrons, vous acquerrez, nous courrions, nous mourrions, vous acquerriez ;* afin de les distinguer du présent, *nous mourons, nous courons,* et de l'imparfait, *nous mourions, nous courions.*

T

On met deux *t* dans les mots qui commencent par *at*, comme *attacher, attendre, attester, attraper, attirer, attribuer, attrouper* ; mais on écrit avec un seul *t, atome, atrabilaire, atelier, atroce.*

On double encore le *t* dans le féminin des adjectifs terminés en *et*, comme *net, nette ; muet, muette ;* etc. Cependant on écrit *complète, discrète, secrète.*

W

Il y a quelques mots empruntés à la langue anglaise qui s'écrivent avec un double *w* ; ces mots sont : *Whig*, nom d'un parti politique en Angleterre : les *whigs*, sont opposés aux *tories*. Ce mot s'emploie aussi comme adjectif ; on dit : *le parti whig, un ministère whig.*

Whist (on prononce Ouiste), sorte de jeu de cartes qui nous vient des Anglais.

Wiski (on prononce Ouiski), sorte de cabriolet léger et très-élevé, dont la mode nous est venue d'Angleterre.

Wisky (on prononce Ouiski), sorte d'eau-de-vie de grain, dont on fait grand usage dans le Nord.

QUESTIONNAIRE.

Quels sont les mots dont la syllabe en *an* prend *m*? — Faites connaître les mots qui doivent être écrits avec deux *b*, deux *c*, deux *d* ou deux *r*. — Quels sont les mots qui s'écrivent en *ez* ou *és*? — Parlez des mots qui doublent *f, g, l, m, n, p, r, t, v*. — Quelle est la voyelle qui doit suivre, dans le corps des mots, la lettre *q*?

Vices de langage.

Dans le tableau suivant, nous offrons seulement les locutions qui, bien que très-répandues, sont désavouées par le bon usage, et par les principes de la grammaire.

Mauvaises locutions.	Bonnes locutions.
1. La maison, le jardin *à un tel*.	1. La maison, le jardin *d'un tel*.
2. Changer une chose *avec* une autre.	2. Changer une chose *pour* ou *contre* une autre.
3. En agir bien ou mal *avec* quelqu'un.	3. Agir bien ou mal *à l'égard* de quelqu'un.
4. *Du* depuis *lors*.	4. Dites simplement *depuis*.
5. Sans dessus dessous.	5. Sens dessus dessous.
6. Ils ont convenu de faire telle chose.	6. Ils sont convenus de faire telle chose.
7. Arriver, venir avec un mauvais temps.	7. Arriver, venir par un mauvais temps.
8. En l'avance.	8. D'avance.
9. Mettre à rafraîchir.	9. Mettre rafraîchir.
10. A bonne heure.	10. De bonne heure.
11. Acheter quelque chose bon marché.	11. Acheter quelque chose à bon marché.
12. Je vous observerai telle chose.	12. Je vous ferai observer telle chose.
13. Je me suis en allé, il s'est en allé, etc.	13. Je m'en suis allé, il s'en est allé.
14. Crainte que cela n'arrive, crainte de mourir.	14. De crainte que cela n'arrive, de crainte de mourir.
15. Eviter de la peine à quelqu'un.	15. Epargner de la peine à quelqu'un.

Mauvaises locutions.	Bonnes locutions.
16. Echapper d'une maladie, il en est échappé.	16. Réchapper d'une maladie, il en est réchappé.
17. Vivre du jour à la journée.	17. Vivre au jour le jour.
18. Se sortir d'une affaire.	18. Se tirer d'une affaire.
19. Le nez me saigne, je saigne au nez ou par le nez.	19. Je saigne du nez.
20. Il reste bien à venir.	20. Il tarde bien à venir.
21. Se rappeler de quelque chose : je m'en rappelle.	21. Se rappeler quelque chose ; je me le rappelle.
22. Tomber quelque chose.	22. Laisser tomber quelque chose.
23. Je languis de le voir.	23. Il me tarde de le voir.
24. Etre en même de faire quelque chose.	24. Etre à même de faire quelque chose.
25. Aujourd'hui fait quinze jours que...	25. Il y a aujourd'hui quinze jours que...
26. Ramasser (dans le sens de cueillir) des fruits.	26. Cueillir des fruits.
27. Voyons voir.	27. Voyons.
28. Je l'ai vu à quelque part, en quelque part.	28. Je l'ai vu quelque part.
29. Puis après.	29. Ensuite.
30. Or donc.	30. Or, *ou* donc.
31. Jugez voir.	31. Jugez.
32. C'est eux qui ont fait cette action.	32. Ce sont eux qui ont fait cette action.
33. Malgré que vous ayez de la fortune.	33. Quoique vous ayez de la fortune.
34. Tel homme que ce soit.	34. Quelque homme que ce soit.
35. Il s'est commis un assassin.	35. Il s'est commis un assassinat.
36. Mal éduqué.	36. Mal élevé.
37. Une dénonce.	37. Une dénonciation.
38. Une consulte.	38. Une consultation.
39. Brouillard d'un livre, d'une lettre.	39. Brouillon d'un livre, d'une lettre.
40. Où restez-vous ?	40. Où logez-vous, où demeurez-vous ?
41. Cet homme est pénible.	41. Cet homme est laborieux.

Mauvaises locutions.	Bonnes locutions.
42. Linceul.	42. Drap de lit. (Le mot linceul ne s'emploie aujourd'hui que pour désigner le drap dont on se sert pour ensevelir un mort.)
43. Des culottes, une paire de culottes.	43. Une culotte. (On n'emploie le pluriel que pour désigner plusieurs de ces vêtements.)
44. Une mai à pétrir.	44. Un pétrin ou une huche.
45. Assoyez-vous, qu'on s'assoye.	45. Asseyez-vous, qu'on s'asséie.
46. Bien du contraire.	46. Bien au contraire.
47. Comme de juste.	47. Comme il est juste.
48. Cette fois ici.	48. Cette fois-ci.
49. Tant pire.	49. Tant pis.
50. Pincer de la guitare, de la harpe.	50. Pincer la guitare, la harpe. (*Pincer* est un verbe actif.)
51. Il touche admirablement du piano, de l'orgue.	51. Il touche admirablement le piano, l'orgue. (*Toucher* est aussi un verbe actif.)
52. C'est un homme matinal.	52. C'est un homme matineux. (Matinal signifie qu'un homme s'est, un certain jour, levé matin).
53. Une fois pour tout.	53. Une fois pour toutes.
54. Des ongles longues.	54. Des ongles longs.
55. Un couple d'œufs.	55. Une couple d'œufs.
56. Un dinde.	56. Une dinde. (C'est la femelle du dindon.)
57. Un bel horloge.	57. Une belle horloge.
58. Un écritoire.	58. Une écritoire.
59. Un bel image.	59. Une belle image.
60. Un dartre.	60. Une dartre.
61. En errière.	61. En arrière.
62. Une épisode.	62. Un épisode.
63. De beaux asperges.	63. De belles asperges.

QUESTIONNAIRE.

Interroger sur chacune des locutions ci-dessus énoncées.

De la ponctuation.

La *ponctuation* est l'ensemble des signes qu'on emploie pour indiquer les repos qu'on doit faire sentir, soit en parlant, soit en écrivant.

Les signes de la ponctuation sont au nombre de sept, savoir : la *virgule*, le *point et virgule*, les *deux points*, le *point d'interrogation*, le *point d'admiration* et les *points de suspension* ou *de réticence*.

DE LA VIRGULE.

La *virgule* (,) indique un repos très-court; on emploie ce signe :

1° Dans l'énumération de plusieurs objets qui composent une phrase, comme dans l'exemple suivant :

« Être vrai, juste, bon, c'est son système unique ;
Humble dans le bonheur, grand dans l'adversité,
Dans la seule vertu trouvant la volupté ;
Faisant d'un doux loisir ses plus chères délices ;
Plaignant les vicieux, et détestant les vices ;
Voilà le philosophe ; et, s'il n'est ainsi fait,
Il usurpe le nom, sans en avoir l'effet. »

(DESTOUCHES.)

Autre exemple.

« Les grâces riantes, les doux plaisirs qui t'accompagnent, la force, la santé, la joie, s'évanouiront comme un beau songe ; il ne t'en restera qu'un triste souvenir : la vieillesse languissante et ennemie des plaisirs, viendra rider ton visage, courber ton corps, affaiblir tes membres, faire tarir dans ton cœur la source de la joie, te dégoûter du présent, te faire craindre l'avenir, te rendre insensible à tout, excepté à la douleur. » (FÉNELON.)

2° Pour séparer les membres d'une phrase qui ont une certaine étendue, car on ne fait point précéder de la virgule les conjonctions *et, ou, ni*, si elles ne servent qu'à unir un mot à un autre.

Exemple.

« Rare et fameux esprit dont la fertile veine
Ignore, en écrivant, le travail et la peine ;
Pour qui tient Apollon tous ses trésors ouverts,
Et qui sais à quel coin se marquent les bons vers. »
(BOILEAU.)

Cependant, si les conjonctions ne sont employées que pour donner plus de force à la pensée, il est nécessaire de faire usage de la virgule, comme dans l'exemple qui suit :

« Les hommes ne sont naturellement ni rois, ni grands, ni courtisans, ni riches : tous sont nés nus et pauvres ; tous sujets aux misères de la vie, aux chagrins, aux maux, aux besoins, aux douleurs de toute espèce. »

3° On sépare encore par la virgule les propositions incidentes qui forment un sens séparé de celui de la phrase et qu'on pourrait retrancher sans altérer l'idée principale.

Exemple.

« Mon cœur, pour s'épancher, n'a que vous et les dieux ;
Je n'ai pu vous cacher, jugez si je vous aime,
Tout ce que je voulais me cacher à moi-même.
Mais songez sous quel sceau je vous l'ai révélé :
Oubliez, s'il se peut, que je vous ai parlé,
Madame ; et que jamais une bouche si pure
Ne s'ouvre pour conter cette horrible aventure. »
(RACINE.)

Tous les mots, toutes les propositions qui n'ajoutent à la phrase qu'un développement accessoire, doivent toujours être séparés par la virgule.

Autre exemple.

« Nestor, qui voyait tomber ses plus grands capitaines sous la main du cruel Adraste, comme les épis dorés, pendant la moisson, tombent sous la faux tranchante d'un infatigable moissonneur, oubliait le danger où il exposait inutilement sa vieillesse. »
(FÉNELON.)

4° La virgule se place également après toutes les

propositions subordonnées. Ces propositions commencent ordinairement par une des conjonctions *lorsque, si, quand, dès que, pendant que, depuis que, aussitôt que, après que,* etc.

Exemple.

« Après que nous eûmes admiré ce spectacle, nous commençâmes à découvrir les montagnes de Crète. » (FÉNELON.)

« Si le premier spectacle qui le frappe est un moment de tristesse, le premier retour sur lui-même est un sentiment de plaisir : en voyant de combien de maux il est exempt, il se sent plus heureux qu'il ne pensait l'être. » (J.-J. ROUSSEAU.)

Remarque. Quoique l'usage de la virgule ne soit point arbitraire, il faut cependant quelquefois consulter l'oreille et la nécessité de reposer la voix et la respiration. Mais il faut avoir une grande connaissance de la langue et de l'art d'écrire pour ne pas en abuser. Ajoutons à notre remarque ce que dit Beauzée sur ce sujet. « Si l'on ne se proposait que la distinction des sens partiels, sans égard au besoin de la respiration, chacun placerait les caractères distinctifs selon qu'il jugerait convenable d'anatomiser plus ou moins les parties du discours; mais les divisions qu'on y introduirait, tiendraient beaucoup de l'arbitraire. L'un couperait le discours par masses énormes, qui mettraient hors d'haleine ceux qui voudraient les prononcer de suite, et hors de mesure ceux qui, pour respirer, les couperaient autrement que l'auteur même; l'autre réduirait le discours en particules qui feraient de la parole une espèce de bégayement, dans la bouche de ceux qui voudraient marquer, en parlant, toutes les pauses indiquées par l'écrivain. »

DU POINT ET VIRGULE.

1° Lorsque dans une phrase on a développé certaines parties, divisées par la virgule, et qu'on passe à l'expression d'autres idées qui complètent les premières, on doit mettre un point et virgule. On fait surtout usage de cette règle dans les périodes dont les membres renferment des subdivisions.

Exemple.

« C'est lorsqu'on voit les sillons de la campagne abandonnés, les charrues brisées, les chaumières désertes, ou qui tombent en ruine; c'est lorsqu'on foule l'herbe qui couvre les rues solitaires des villes; c'est lorsqu'on rencontre sur les grands chemins, des pères, des mères, de jeunes enfants, qui fuient tous ensemble le doux sol de leur patrie, pour aller chercher des aliments sous un ciel plus heureux : c'est alors que l'humanité s'éveille, que le cœur se serre, que les larmes coulent; c'est alors que l'on commence à concevoir que la cour n'est point l'État, et que le luxe de quelques hommes ne fait pas le bonheur de soixante millions de citoyens. »
(Éloge de Sully, par Thomas.)

3° On fait usage du point et virgule dans les énumérations où l'on fait marcher les objets deux à deux, trois à trois.

Exemple.

« Les lois doivent être relatives au physique du pays, au climat glacé, brûlant ou tempéré; à la qualité du terrain, à sa situation, à sa grandeur; au genre de vie des peuples laboureurs, chasseurs ou pasteurs : elles doivent se rapporter au degré de liberté que la constitution peut souffrir; à la religion des habitants, à leurs inclinations, à leurs richesses, à leur nombre, à leur commerce, à leurs mœurs, à leurs manières. » (Montesquieu.)

DES DEUX POINTS.

Lorsque, dans une phrase ou une période, il y a des propositions qui sont séparées par le point et virgule ou la virgule, on indique les grandes divisions par les *deux points*.

Exemples.

« L'homme vulgaire croirait se ravaler si, d'une place éminente, il descendait à ces emplois obscurs où il n'y a qu'à servir utilement sa patrie : il faut avoir l'âme d'Aristide ou d'Epaminondas pour s'honorer des plus simples emplois et les rendre honorables. Celui qui a donné des lois serait humilié s'il était contraint d'en recevoir : il faut l'âme de Turenne pour servir sous des généraux inférieurs à soi, à divers égards, dans cette même armée que l'on commandait avec gloire. » (ROUBAUD.)

« La langue française est, dit-on, la plus chaste des langues; je ne le crois pas : car il me semble que la chasteté d'une langue ne consiste pas à éviter avec soin les tours déshonnêtes, mais à ne les point avoir. » (J.-B. R.)

On se sert aussi des deux points pour indiquer une citation, un discours, soit de celui qui parle, soit d'un autre.

Exemple.

« Et je veux qu'en ce jour on dise à l'univers :
Mortels, respectez Rome, elle n'est plus aux fers. »
(VOLTAIRE.)

Une citation de peu d'étendue se souligne dans les ouvrages manuscrits; mais si elle se compose de plusieurs lignes, on la marque par des guillemets (« »), qui se placent à la tête de la citation et après le dernier mot.

DU POINT.

Le *point* se place à la fin d'une phrase, d'une période dont le sens est entièrement fini, après le développement complet de la pensée.

L'*alinéa* consiste à ne pas achever la ligne, et à en commencer une autre. Il repose la voix du lecteur et donne de la clarté au discours.

Exemple.

« Aussitôt que Dioscore eut expliqué aux rois son dessein, tout le monde se tourna vers Télémaque, comme pour lui demander une décision.

« Les dieux, répondit-il, qui nous ont préservés des traîtres, nous défendent de nous en servir. Quand même nous n'aurions pas assez de vertu pour détester la trahison, notre seul intérêt suffirait pour la rejeter : dès que nous l'aurons autorisée par notre exemple, nous mériterons qu'elle se tourne contre nous; dès ce moment, qui d'entre nous sera en sûreté? » (FÉNELON.)

DU POINT D'INTERROGATION.

Le *point d'interrogation* se place après une phrase ou une proposition qui exprime l'interrogation.

Exemple.

« Mais tout est-il prévu? César est-il à toi?
Seconde-t-il enfin Catilina qu'il aime? »

Autre exemple.

« J'attendis un moment, et je faisais signe de la main pour demander qu'on m'écoutât. Cependant, Mentor me disait à l'oreille : Renoncez-vous à votre patrie? L'ambition de régner vous fera-t-elle oublier Pénélope, qui vous attend comme sa dernière espérance, et le grand Ulysse, que les dieux avaient résolu de vous rendre? »

DU POINT D'EXCLAMATION.

Le *point d'exclamation* se place après toutes les phrases, les propositions ou les mots qui expriment les mouvements de l'âme; comme la joie, la douleur, la surprise, le remords, la crainte, etc.

Exemple.

. . . . . O jour trois fois heureux!
Que béni soit le ciel qui te rend à mes vœux!
  (RACINE.)

« O sort épouvantable, et qui me désespère !
O serment ! ô patrie ! ô Rome toujours chère !
César !... Ah ! malheureux ! j'ai trop longtemps vécu. »

Autre exemple:

« O Télémaque ! s'il vous voyait maintenant, avec quelle joie il vous comblerait de présents ! Quel plaisir serait-ce pour lui de vous renvoyer magnifiquement dans votre patrie ! Ne suis-je pas heureux de faire ce qu'il voudrait pouvoir faire lui-même, et d'aller dans l'île d'Ithaque mettre sur le trône le fils d'Ulysse, afin qu'il y règne aussi sagement que Baléazar règne à Tyr ! »

DES POINTS SUSPENSIFS.

Les *points suspensifs* ou de *réticence* indiquent une interruption dans le discours ; ce signe est exprimé par quatre points de suite (....).

Exemple.

« Quelle horreur me saisit ! Grâce au ciel, j'entrevoi....
Dieux ! quels ruisseaux de sang coulent autour de moi ! »
(RACINE.)

DU TRAIT DE SÉPARATION.

Il y a encore un signe qu'on nomme *trait de séparation*, et qui sert principalement à éviter la répétition de ces expressions : *dit-il, répondit-il*, etc., comme dans ces vers de La Fontaine :

« Est-ce assez, dites-moi, n'y suis-je point encore ?
— Nenni.—M'y voici donc?—Point du tout.—M'y voilà.
— Vous n'en approchez point. La chétive pécore
  S'enfla si bien qu'elle creva.

Nous allons terminer ce que nous avions à dire sur la ponctuation par citer un exemple pris dans Télémaque, et dans lequel se trouvent réunis presque tous les signes que nous venons de faire connaître séparément.

« Vous n'oublierez jamais ce que les Grecs ont

souffert pendant dix ans devant la malheureuse Troie. Quelles divisions entre les chefs! quels caprices de la fortune! quel carnage des Grecs par la main d'Hector! quels malheurs dans toutes les villes les plus puissantes, causés par la guerre, pendant la longue absence des rois! Au retour, les uns ont fait naufrage au promontoire de Capharée, les autres ont trouvé une mort funeste dans le sein même de leur famille. O dieux! c'est dans votre colère que vous armâtes les Grecs pour cette éclatante expédition. O peuples hespériens! je prie les dieux de ne vous donner jamais une victoire si funeste. Troie est en cendres, il est vrai : mais il vaudrait mieux pour les Grecs qu'elle fût encore dans toute sa gloire, et que le lâche Pâris.... Philoctète, si longtemps abandonné dans l'île de Lemnos.... ne craignez-vous point de retrouver de semblables malheurs dans une semblable guerre? Je sais que les peuples de la Laconie ont senti aussi les troubles causés par la longue absence des princes, des capitaines et des soldats qui allèrent contre les Troyens. O Grecs qui avez passé dans l'Hespérie! vous n'y avez tous passé que par une suite des malheurs que causa la guerre de Troie. »

QUESTIONNAIRE.

Qu'est-ce que la *ponctuation*, et combien y a-t-il de signes pour marquer les différents repos de la voix? — Quel est l'emploi de la *virgule?* — Citez des exemples à l'appui de chaque règle. — Parlez du *point et virgule* et des règles qui en font connaître l'usage. — Qu'est-ce que les *deux points*, et quel est l'emploi de ce signe? — Qu'indique le *point?* — Où se place le point *interrogatif?* — Que marquent les points *suspensifs?*

FIN.

TABLE DES MATIÈRES.

Avertissement.. 5
Préface... 7

INTRODUCTION.

I. — Langages naturels et arbitraires..................... 13
II. — Différentes espèces de voix......................... 15
III. — Des articulations.................................. 21
IV. — Lettres de l'alphabet. — Prononciation. — Orthographe... 25
V. — Voyelles nasales et voyelles orales.................. 28
VI. — Homonymes.. 31
VII. — Prononciation de la voyelle *a*.................... 34
VIII. — Prononciation de la voyelle *e*................... 38
IX. — Prononciation de l'*e* muet......................... 42
X. — Prononciation des voyelles *i* et *y*................ 47
XI. — Prononciation des voyelles *o* et *u*............... 49
XII. — Combinaison des voyelles........................... 53
XIII. — Combinaison des diphthongues...................... 57
XIV. — Diphthongues nasales. — Articulations.............. 61
XV. — Prononciation des consonnes......................... 62
XVI. — Mots où le *h* est aspiré.......................... 65
XVII. — Prononciation des consonnes composées............. 69

GRAMMAIRE.

Différentes espèces de mots............................... 73
Chap. I. — Du substantif.................................. 77
Chap. II. — De l'article.................................. 89
Chap. III. — De l'adjectif................................ 90
Chap. IV. — Du pronom..................................... 101
Chap. V. — Du verbe....................................... 105

Chap. VI. —	Verbes adjectifs. — Verbes actifs	113
—	Verbes irréguliers	126
—	Verbes passifs	132
—	Verbes neutres	136
—	Verbes pronominaux	138
—	Verbes unipersonnels	140
—	Du participe	141
Chap. VI. —	Des mots invariables. — De l'adverbe	142
—	De la préposition	143
—	De la conjonction	145
—	De l'interjection	146
Chap. VII. —	De l'analyse	147

SYNTAXE.

Chap. I. —	Du substantif	157
—	De l'adjectif	161
—	Du pronom	166
—	Du verbe	169
—	Du participe	175
—	De l'adverbe	188
—	De la préposition	192
—	De la conjonction	196
—	Construction de la phrase	197
Chap. II. —	De l'orthographe	199
—	Homonymes	203
Remarques sur l'orthographe de certains mots		206
—	Vices de langage	210
Table		220

Paris. — Imprimerie BAILLY, DIVRY et C⁰, place Sorbonne, 2.

Propriété de l'Editeur.

Principaux ouvrages composant le Livre de l'Enseignement primaire, et les volumes qu'ils formeront dans la réimpression.

Histoire sainte, avec des notions d'histoire ancienne, avec questionnaire. 1 vol. in-18.

Histoire de France, avec des notions d'histoire du moyen âge et des temps modernes, avec questionnaire. 1 vol. in-18.

Grammaire française, avec questionnaire. in-12 (*Paru.*)

Arithmétique décimale, avec questionnaire. 1 vol. in-12.

Géographie et cosmographie, suivie de la Géographie commerciale de la France. 1 vol.

Géométrie et dessin linéaire, avec quest. 1 vol.

Sciences naturelles, avec leurs applications à l'économie domestique, à l'agriculture, à l'industrie, etc. 1 vol. in-18.

Comptabilité. 1 vol.

Notions d'agriculture. 1 v.

Devoirs de l'homme envers Dieu, envers son prochain, sa patrie, sa famille, envers lui-même. 1 vol.

Morale en action. 1 vol.

Ornements de la mémoire 1 vol.

Pédagogie. 1 vol.

Éphémérides. 1 vol.

Ouvrages classiques de M. VICTOR BOREAU.

Avec tableaux synoptiques des grands hommes, des inventions, des inventeurs, des découvertes, de la littérature, des sciences, des arts, etc.

Histoire sainte, suivie d'un Abrégé de la vie de N.-S. J.-C., à l'usage des colléges. 11e édition. 1 v. in-12. (Appr. par Mgr Affre.)

Le même ouvrage, suivi d'un Abrégé de l'Histoire Ecclésiastique jusqu'à la conversion de Clovis. 11e édit. 1 vol. in-12, avec deux cartes color. (Approuvé et suivi pour les examens.)

Histoire ancienne, depuis la création jusqu'en 476 de J.-C. 5e édition. 1 vol. in-12.

Histoire grecque, depuis les temps les plus reculés jusqu'à l'an 86 avant J.-C. 3e édit. 1 v. in-12.

Histoire romaine, depuis son origine jusqu'à la fin de l'empire d'Occident, l'an 476 de J.-C. 4e éd. 1 vol. in-12.

Histoire génér. des temps du moyen âge, de 476 à 1453. 5e édit. 1 gros vol. in-12.

Histoire génér. des temps modernes, de 1453 jusqu'à nos jours. 4e édit. 1 gros v. in-12.

Histoire de France, jusqu'en 1855. 5e édit. 2 vol. in-12.

Histoire d'Angleterre, depuis l'an 55 avant J.-C. jusqu'en 1856. 3e édit. 1 vol. in-12.

Histoire de Russie, jusqu'à nos jours. 1 vol. in-12.

Histoire de Pologne, jusqu'à nos jours. 1 v. in-12.

COURS ABRÉGÉ D'HISTOIRE.

Histoire sainte, etc. 4e édit. 1 vol. in-18.

Histoire de France. 3e édit. 1 vol. in-18.

Histoire ancienne. 1 v. in-18.

Histoire romaine. 1 v. in-18.

Histoire du moyen âge. 1 vol. in-18.

Histoire moderne. 1 v. in-18.

COURS D'INSTRUCTION.

Cours méthodique de géographie. 3e édit. 1 vol. in-12.

Cours méthodique d'histoire naturelle. 2e éd. 1 gros vol. in-12. (Suivi pour les examens.)

Introduction à la chronologie, par M. Guillaume, ancien professeur au collége Bourbon (lycée Bonaparte). 1 v. in-12. 1 fig.

Le Livre de l'Enseignement primaire, adopté par l'Université pour les écoles normales primaires. 3 v. grand in-8e.

PETIT COURS D'INSTRUCTION
Par M. V. Boreau.

Petit cours de géographie. 3e édit. revue et corrigée (1858). 1 v. in-18.

Petit cours d'histoire naturelle élémentaire. 1 vol. in-18.

Petite grammaire française méthodique. 1 vol in-12.

Paris. — Imp. Bailly, Divry et Ce, place Sorbonne, 2.

www.ingramcontent.com/pod-product-compliance
Lightning Source LLC
Chambersburg PA
CBHW051918160426
43198CB00012B/1946

PATROLOGIÆ

CURSUS COMPLETUS

SIVE

BIBLIOTHECA UNIVERSALIS, INTEGRA, UNIFORMIS, COMMODA, OECONOMICA,

OMNIUM SS. PATRUM, DOCTORUM SCRIPTORUMQUE ECCLESASTICORUM

QUI

AB ÆVO APOSTOLICO AD INNOCENTII III TEMPORA

FLORUERUNT;

RECUSIO CHRONOLOGICA

OMNIUM QUÆ EXSTITERE MONUMENTORUM CATHOLICÆ TRADITIONIS PER DUODECIM PRIORA
ECCLESIÆ SÆCULA,

JUXTA EDITIONES ACCURATISSIMAS, INTER SE CUMQUE NONNULLIS CODICIBUS MANUSCRIPTIS COLLATAS,
PERQUAM DILIGENTER CASTIGATA;
DISSERTATIONIBUS, COMMENTARIIS LECTIONIBUSQUE VARIANTIBUS CONTINENTER ILLUSTRATA;
OMNIBUS OPERIBUS POST AMPLISSIMAS EDITIONES QUÆ TRIBUS NOVISSIMIS SÆCULIS DEBENTUR ABSOLUTAS
DETECTIS, AUCTA;
INDICIBUS PARTICULARIBUS ANALYTICIS, SINGULOS SIVE TOMOS, SIVE AUCTORES ALICUJUS MOMENTI
SUBSEQUENTIBUS, DONATA;
CAPITULIS INTRA IPSUM TEXTUM RITE DISPOSITIS, NECNON ET TITULIS SINGULARUM PAGINARUM MARGINEM SUPERIOREM
DISTINGUENTIBUS SUBJECTAMQUE MATERIAM SIGNIFICANTIBUS, ADORNATA;
OPERIBUS CUM DUBIIS TUM APOCRYPHIS, ALIQUA VERO AUCTORITATE IN ORDINE AD TRADITIONEM
ECCLESIASTICAM POLLENTIBUS, AMPLIFICATA;
DUOBUS INDICIBUS GENERALIBUS LOCUPLETATA: ALTERO SCILICET RERUM, QUO CONSULTO, QUIDQUID
UNUSQUISQUE PATRUM IN QUODLIBET THEMA SCRIPSERIT UNO INTUITU CONSPICIATUR; ALTERO
SCRIPTURÆ SACRÆ, EX QUO LECTORI COMPERIRE SIT OBVIUM QUINAM PATRES
ET IN QUIBUS OPERUM SUORUM LOCIS SINGULOS SINGULORUM LIBRORUM
SCRIPTURÆ TEXTUS COMMENTATI SINT.
EDITIO ACCURATISSIMA, CÆTERISQUE OMNIBUS FACILE ANTEPONENDA, SI PERPENDANTUR : CHARACTERUM NITIDITAS
CHARTÆ QUALITAS, INTEGRITAS TEXTUS, PERFECTIO CORRECTIONIS, OPERUM RECUSORUM TUM VARIETAS
TUM NUMERUS, FORMA VOLUMINUM PERQUAM COMMODA SIBIQUE IN TOTO OPERIS DECURSU CONSTANTER
SIMILIS, PRETII EXIGUITAS, PRÆSERTIMQUE ISTA COLLECTIO, UNA, METHODICA ET CHRONOLOGICA,
SEXCENTORUM FRAGMENTORUM OPUSCULORUMQUE HACTENUS HIC ILLIC SPARSORUM,
PRIMUM AUTEM IN NOSTRA BIBLIOTHECA, EX OPERIBUS AD OMNES ÆTATES,
LOCOS, LINGUAS FORMASQUE PERTINENTIBUS, COADUNATORUM.

SERIES SECUNDA,

IN QUA PRODEUNT PATRES, DOCTORES SCRIPTORESQUE ECCLESIÆ LATINÆ
A GREGORIO MAGNO AD INNOCENTIUM III.

Accurante J.-P. Migne,

BIBLIOTHECÆ CLERI UNIVERSÆ,

SIVE

CURSUUM COMPLETORUM IN SINGULOS SCIENTIÆ ECCLESIASTICÆ RAMOS EDITORE.

PATROLOGIÆ TOMUS LXXXI.

SANCTI ISIDORI HISPALENSIS

TOMI PRIMUS ET SECUNDUS.

VENEUNT QUATUOR VOLUMINA 28 FRANCIS GALLICIS.

PARISIIS, VENIT APUD EDITOREM,
IN VIA DICTA D'AMBOISE, PROPE PORTAM VULGO D'ENFER NOMINATAM,
SEU PETIT-MONTROUGE.

1850